D1670423

Detlef Eimler und Constanze von Poser

JUMP!
Lebe dein Potenzial.
JETZT!

www.tredition.de

© 2018 Detlef Eimler

Lektorat: Maria Al-Mana, www.texthandwerkerin.de
Grafik: Martin Siegert

Verlag und Druck: tredition GmbH, Hamburg

ISBN
978-3-7469-4861-4 (Paperback)
978-3-7469-4862-1 (Hardcover)

Man hat ein Gefühl von dem, was sein sollte und was sein könnte.

Von dieser Ahnung abzuweichen, bedeutet Abweg,

Irrtum und Krankheit.

C. G. Jung (* 1875; † 1961)

Inhalt

Was du vorab wissen solltest

Eine Bitte zu Beginn

Bevor wir einsteigen, erlauben Sie uns bitte, in das persönlichere DU überzugehen. Wir werden von nun an gemeinsam das Leben beschreiten. Dafür braucht es eine persönliche Ebene – mit Herz und intimer Atmosphäre. Zudem werden wir aus Gründen der leichteren Lesbarkeit auf eine geschlechtsspezifische Differenzierung wie zum Beispiel „Leser/innen" verzichten. Entsprechende Begriffe gelten im Sinne der Gleichbehandlung selbstverständlich für beide Geschlechter.

Warum dieses Buch?

Es ist ein Buch für jeden von uns. Weil wir JEDEN TAG damit beginnen können, erfolgreich zu sein! **Aber: Was ist eigentlich Erfolg?**

Wirklich erfolgreiche Menschen wissen: Erfolg ist ohne ein tiefes Gefühl von Glück und Zufriedenheit nicht möglich. Es gibt sehr viele Bücher und Ratgeber zum Thema Glück und Erfolg – viele davon sind psychologischer oder philosophischer Natur. Doch tatsächlich nehmen immer mehr Menschen diese Inhalte zwar wahr, erkennen für sich jedoch keinen Weg, die neu gewonnenen Erkenntnisse konkret umzusetzen. Sie versuchen, Konzepte zu kopieren und müssen feststellen, dass das unmöglich ist, denn der Lebensweg eines jeden ist einzigartig. Wo also liegt der Startpunkt?

Wir befinden uns auf einer Reise – einer Reise durch das Leben. Erfolgreich zu leben heißt dabei, die richtige Richtung einzuschlagen, statt sich durch das Leben ziehen zu lassen – also eher gelebt zu werden als selbst zu leben. Genau hier setzt die EFIELDS-Methode an – wie ein Begleiter, der dich, wenn du WIRKLICH den JUMP Richtung Erfolg vollführen möchtest, Schritt für Schritt weiterführt.

Auch wir – Constanze und Detlef – hatten in dieser Suppe, die wir Leben nennen, einmal bequem Platz genommen, haben jedoch inzwischen den JUMP unternommen. Zunächst erscheint dieser Weg anstrengend, denn es ist nicht leicht, die gewohnten Pfade zu verlassen, eine neue Perspektive einzunehmen. Doch wir sagen dir: Es lohnt sich! Nachhaltig!

Wir wissen das, denn wir haben es selbst erlebt, und möchten es dir nun gern vermitteln. Wir sind im Übrigen davon überzeugt, dass sich unsere beiden Wege treffen mussten, um genau dies hier zu tun: ein JUMP-Buch für alle „Frösche" zu verfassen.

Und wie genau kam es dazu?

Detlef – Erfinder der EFIELDS-Methode – war schon ausgestiegen aus seinem Süppchen. Seine Methode wendete er bereits erfolgreich bei Führungskräften an. Und sind wir nicht alle Führungskräfte? Wir müssen uns schließlich alle selbst durch dieses Leben führen. EFIELDS steht für einen ganzheitlichen Ansatz – hat also den ganzen Menschen im Blick, mit all seinen Facetten und Lebensbereichen. Dabei fußt die Methode maßgeblich darauf, dass wir eine Energie besitzen, die wir nutzen können; eine Energie, die uns leitet, eine Energie, die mehr umfasst, als das, was wir als Gefühl interpretieren. So setzt sich das Wort EFIELDS zusammen aus E wie Energie und FIELDS für die Felder, die in uns sind und uns umgeben.

Nun hätte sich Detlef gemütlich zurücklehnen und sein Leben genießen können. Doch was macht das für einen Sinn? Dies war nicht Detlefs Intention und genau so sah es auch Constanze, die einen Vortrag von Detlef in Köln hörte und sofort wusste: Hier bin ich richtig – es gibt ganz augenscheinlich Werkzeuge, mit denen man seinen persönlichen Erfolg sehr effektiv erreichen kann. Schnell war klar: Dieses Wissen um die Zusammenhänge von Glück und Erfolg bei jedem einzelnen Menschen gehört unbedingt weiterverbreitet! So entstand die gemeinsame Idee, die EFIELDS-Methode, die in ihren Bestandteilen zirkulierend und in den Werkzeugen ineinandergreifend arbeitet, strukturiert in ein Buchformat zu bringen – denn das Konzeptionieren und Schreiben liegt Constanze im Blut.

Mit JUMP möchten wir jetzt den Werkzeugkoffer für jeden öffnen. Denn: Schauen wir uns doch einmal gründlich in unserem Gesellschaftssystem um. Die meisten Menschen sind gestresst, leiden unter Eile,

Hetze und Zeitdruck. Sie sind eher unzufrieden, leben in einer Blase der Angst – Angst, zu verlieren, was sie haben; Angst, den eigenen Erwartungen oder denen anderer nicht zu genügen; Angst, die gesetzten Ziele nicht zu erreichen. Unruhe ist ständiger Begleiter fast aller Menschen. Der Stress wirkt sich bereits massiv auf die Gesundheit vieler aus. Die Weltgesundheitsorganisation WHO bezeichnet Stress als die größte Gesundheitsgefahr des 21. Jahrhunderts. Die Welt ist nicht mehr im Gleichgewicht – wir alle nehmen das mehr oder minder stark wahr, aber jeder denkt: „Ich kann es doch eh nicht ändern!"

Mahatma Gandhi sagte:

„Sei du selbst die Veränderung, die du dir wünscht für diese Welt."

So richtet sich dieses Buch eindeutig an Menschen, die bereit sind, ihr Leben in die Hand zu nehmen und etwas zu tun. Erfolg hat drei Buchstaben: TUN, oder von hinten gelesen: **N**icht **u**nnötig **t**rödeln. Wer etwas erreichen will, sucht Wege. Wer etwas verhindern will, sucht Gründe. Dabei ist der Weg eines jeden Menschen einzigartig – es gibt nicht den EINEN Weg für alle. Findest du jedoch (zurück) auf den für dich richtigen Weg, so zieht das zwangsläufig ein glückliches und erfülltes Leben für dich nach sich.

Klingt kompliziert und ist doch ganz einfach.

Wie kann dieses Buch dir helfen?

Das Buch steht unter dem Motto: Wenn es nicht einfach geht, dann geht es einfach nicht!

Das sagt Constanze dazu:

„Auf unserer Reise durch dieses Leben haben wir bestimmte Lebensaufgaben – die meisten von uns erkennen sie jedoch nicht mehr. Wir haben uns ablenken und blenden lassen, sind Versuchungen aus dem Außen erlegen. Wir erfahren ständig Prüfungen, manche sind bestimmt für uns, andere verursachen wir selbst durch das Verlassen unseres ursprünglichen Weges. Erst wenn wir stolpern oder uns in einer Sackgasse befinden, stellen wir uns die Frage nach dem Sinn. Denn dann können wir nicht länger ignorieren, dass wir irgendwo falsch abgebogen sind. Heute erkenne ich die ‚Stolpersteine‘ in meinem Leben als große Geschenke, denn sie haben mich ‚aufwachen‘ lassen und zum Umdenken gezwungen. Durch EFIELDS habe ich es geschafft, eine andere Perspektive einzunehmen und kann nun sagen: Veränderst du deine Perspektive, veränderst du dein Leben!

Dieses Buch soll nun auch dir helfen – es soll ein Reisebegleiter sein. Es beinhaltet Wegbeschreibungen, die uns entweder davor bewahren, uns zu verlaufen oder – wenn wir unseren Weg schon verlassen haben – um wieder dorthin zurückzufinden. Wir können es auch mit einem Kochbuch vergleichen: Es liefert Rezepte für alle Lebensbereiche.

Oder noch ein wenig anders ausgedrückt: Was würdest du sagen, wenn es Spielregeln gäbe, die dir helfen können, dein Leben (neu) zu sortieren und erfolgreich zu sein, im Reinen mit dir und deiner Umgebung? Es gibt sie, diese Spielregeln – sie sind gar nicht kompliziert! Dieses Buch möchte dir dabei helfen, dein Spiel noch einmal zu starten, das Kind in dir zu finden, deine Festplatte voller Programme zu bereinigen. Es gibt eine Übersicht über alle Möglichkeiten, die der EFIELDS-Werkzeugkoffer bereithält. Nicht alles dabei wird dich (im Moment) tangieren, nicht alle Spielfiguren stimmen mit deiner Lebenssituation überein. Es ist kein serieller Fahrplan, sondern ein Wegweiser, der dir helfen wird, die Möglichkeiten deiner Entfaltung und den Fokus deiner Lebensaufgabe (wieder) zu finden."

Und das meint Detlef:

„Auch wenn wir mit diesem Buch keine politischen Ansichten vertreten, kommen wir nicht umhin, uns unsere Wirtschafts- und Gesellschaftsordnung anzusehen, da sie Einfluss auf jeden Einzelnen von uns nimmt. ‚Kapitalismus ist Scheiße, aber ich kenne nichts Besseres', soll Helmut Schmidt einmal gesagt haben. Zwar lässt es sich mit dem Kapitalismus ganz gut leben, jedoch ist hierbei das einzige Ziel die stete Erhöhung des Profits – eine recht eingeschränkte und aus ethischer Sicht dürftige Sichtweise. Nehmen wir eine distanziertere Perspektive auf unsere Gesellschaft ein, so ähnelt das Ganze einem Ameisenstaat, bei dem sich alle diesem aus einem erweiterten Blickwinkel doch recht einseitigen Ziel unterzuordnen haben. Kapitalismus könnte gut sein, wenn wir nur richtig damit umzugehen wüssten. In diesem Sinne schon jetzt ein wesentlicher Hinweis: Erkenne, dass der größte Reichtum in dir selbst ruht – im Außen ist er nicht zu finden.

Geld macht nicht glücklich – sagt der Volksmund. Tatsächlich sind viele reiche Menschen sogar zutiefst unglücklich. Der Effekt des Besitztums nutzt sich sehr schnell ab. Kaufe dir ein paar neue Schuhe oder sogar ein neues Auto und beobachte, wie schnell deine Freude daran nachlässt. Konsum allein kann also keine Lösung sein.

Das System verleitet uns jedoch dazu, uns immer mehr über das Außen zu definieren. Schon früh werden wir daran gemessen, was wir haben, nicht mehr an dem, was oder wer wir sind. Das ist ja auch viel einfacher, äußere Werte sind gut sichtbar. Wir sind geneigt, uns durch Besitztümer zu definieren – der Blick auf innere Werte findet beinahe nicht mehr statt. Jedoch können wir unser Inneres, nennen wir es unser Ich, nicht grundsätzlich ignorieren, selbst, wenn unser erlerntes Verhalten uns das abverlangt. Die Konsequenz: Wir halten dies nicht lange aus! Es ist kein Konzept mit Nachhaltigkeit!

Entscheidend für eine persönliche Veränderung ist dabei, dass die Motivation nicht durch äußere Faktoren, wie noch mehr Geld zu verdienen oder Macht zu erreichen, bestimmt wird, sondern aus der inneren Haltung heraus erfolgt. Hierfür müssen wir uns zunächst einmal bewusst darüber werden, was unsere innerste Haltung ist, wofür wir wirklich, wirklich, wirklich brennen, oder noch allgemeiner und wesentlicher gefragt: Wer bin ich wirklich?

Keine leichte Frage – die meisten Menschen haben sie sich noch nie gestellt. Denn dabei werden Fragen offenkundig, die es zu erörtern gilt: Sind wir ein Resultat der Erfahrungen unserer Kindheit? Wie hat sich unser freier Wille durchgesetzt? Steuern uns unsere gespeicherten Emotionen? Wie entwickelt sich unser Ego – unsere Persönlichkeit? Wer bin ich? Warum bin ich hier? Welchen Sinn hat mein Leben?

Glaub mir bitte: Sinn erzeugt Motivation!

Wie komme ich zu dieser Behauptung? Führungsakademien ist heute bekannt, dass äußere Anreize zur Motivation, wie zum Beispiel Geld, über keinerlei Nachhaltigkeit verfügen. Die intrinsische Motivation, also die innere, aus sich selbst heraus entstehende Motivation eines jeden Menschen stellt das dar, wofür wir brennen, was wir als unsere Berufung sehen. Die sollte erkundet werden, wenn wir Spaß im Job haben möchten.

Das Gallup-Institut untersucht regelmäßig den „Engagement-Index", gemeint ist die Untersuchung der emotionalen Bindung von Mitarbeitern an das Unternehmen. Wer mag, kann sich die erschreckenden Zahlen genauer ansehen[1]. Nur noch etwa zehn Prozent der Angestellten haben eine emotionale Bindung an ihr Unternehmen. Was glaubst du, machen die anderen 90 Prozent? Der volkswirtschaftliche Schaden dieses Zustandes wird auf etwa 100 Milliarden Euro pro Jahr geschätzt.

Ein weiterer Hinweis aus der Gallup-Studie: Führungskräfte schaffen es nicht, ihren Mitarbeitern den Sinn ihrer Arbeit zu vermitteln. Die Frage

---

[1] Siehe hierzu: http://www.gallup.de (24.4.2018)

nach dem Sinn wird immer häufiger gestellt – sie wird uns alle noch beschäftigen, wenn die Digitalisierung mit Industrie 4.0 abgeschlossen sein wird und wir uns etwa der Industrie 5.0 zuwenden werden. Die Frage wird dann lauten: Was würdest du tun, wenn du nicht mehr arbeiten müsstest (weil keine Arbeit mehr da ist)? Interessant, nicht wahr?

Man kann auch sagen: Sinn ist die Währung unseres Lebens!

Sinn gibt uns Energie, Sinn gibt uns Lebenskraft und Leidenschaft, Sinn gibt uns Ziele, Sinn macht uns glücklich, Sinn gibt uns einen Fokus in unserem Leben, Sinn gibt uns Würde, Sinn macht uns ausgeglichen, Sinn lässt uns in den Spiegel schauen, Sinn schafft Achtsamkeit, Sinn erfüllt uns!

EFIELDS gibt dir das Werkzeug an die Hand, um dein Bewusstsein zu trainieren und allein oder mithilfe eines ausgebildeten EFIELDS-Trainers mit dem, was für dich Sinn macht, erfolgreich zu werden!"

Wie entstand die EFIELDS-Methode?

Constanze und Detlef im Gespräch

Detlef, wir sprechen bei EFIELDS von der Suppe des Lebens, die immer wärmer wird, während wir langsam darin zerkochen. Wie heiß war deine Suppe, in der du einmal gesessen hast, bevor du rausgesprungen bist?

Ich kenne das Gefühl genau, im heißen Wasser zu sitzen. Das Leben hielt einige Ereignisse für mich parat, die mir zum damaligen Zeitpunkt grausam erschienen, in der Retrospektive jedoch wichtig waren, um mir Erkenntnisse zu liefern – heute sehe ich dies als eine Erfahrung mit dem Gesetz von Ursache und Wirkung. Ich bin zutiefst dankbar, dass der liebe Gott mir eine Schippe Sand unter den Allerwertesten geworfen hat, um ein Bewusstsein für meine Situation zu entwickeln, aus der ich dann bewusst ausbrechen konnte. Auch den Weg, den ich nach meiner Laufbahn als Führungskraft mit EFIELDS gegangen bin, erachte ich als Fügung Gottes. Dieses Brennen für einen Sinn im Leben wünsche ich jedem Menschen. Die EFIELDS-Methode zeichnet einen Weg auf, um dieses Glücksgefühl und dessen erfüllende Energie spüren zu können.

Und was bedeutete der Begriff Erfolg für dich damals im Gegensatz zu heute?

Erfolg hatte ich mit finanzieller Unabhängigkeit gleichgesetzt und ich weiß heute genau, wann diese Konditionierungen durch Traumen in mein Leben getreten sind, die mich dieses Ziel wie ein Roboter verfolgen ließen. Die dadurch entstandenen Glaubensmuster hatten mich fest im Griff, brachten mich zu Handlungen, auf die ich heute nicht stolz bin. Jetzt ist mir klar, dass ich ein Gefangener meines Unterbewusstseins und meiner erlebten, negativen Emotionen war. Heute formuliere ich Erfolg anders: Es geht darum, den Sinn seines Lebens nicht nur zu kennen, sondern auch zu leben. Mir ist durchaus bewusst, dass hier eine große Herausforderung formuliert wird, aber es lohnt sich, diesen Weg zu gehen. Ich kann jedem versprechen, dass ein Leben auf einem höheren Bewusstseinsniveau, mit der Verbindung zu sich selbst, ein völlig anderes Lebensgefühl mit sich bringt. Man wird es dem Menschen ansehen – er wird strahlen.

Schon damals – selbst noch köchelnd in meiner Suppe sitzend – stellte ich mir immer wieder die Frage: Warum gibt es Menschen, denen es so leicht fällt, erfolgreich zu sein während sich andere so schwer damit tun? Warum sind die einen positiv eingestellt und die anderen negativ, wenige mit strahlendem Optimismus ausgestattet und so viele mit Pessimismus? Wir sind hier geneigt, oberflächliche Antworten zu geben, wie: Veranlagung, Glück, Cleverness – das wurde uns in die Wiege gelegt. Doch was genau ist es? Heute ist das alles für mich glasklar. Diese tiefe Erkenntnis möchte ich nun gerne teilen.

Du hattest keinen Trainer, keine EFIELDS-Methode an der Hand – wie hast du es geschafft, dir bewusst zu machen, dass ein JUMP notwendig für dich ist?

Es war mir überhaupt nicht bewusst. Ich war der klassische Frosch. Doch dann begegnete ich Dingen, die ich mir nicht erklären konnte. Meine Neugier wurde langsam geweckt.

Die Notwendigkeit einer Schwermetallausleitungstherapie (nach Entfernung von Amalgam) brachte mich zu einem Internisten, der mittels eines kinesiologischen Tests eine Kuhmilcheiweißallergie bei mir feststellte. Das war umwerfend: Mein Energiesystem (zu dem Zeitpunkt wusste ich gar nicht, dass ich eines hatte) offenbarte mittels eines Muskeltests, dass ich diese Substanz nicht vertrage. Hier machte es zum ersten Mal Klick. Doch das war noch lange nicht alles...

Ich bin stolzer Besitzer eines Pferdes – plötzlich ging die Stute keinen Schritt mehr. In der wohl besten Pferdeklinik Deutschlands wollte man sie sofort einschläfern. Wie ich zu diesem Zeitpunkt an die Visitenkarte einer Pferdeheilerin kam, kann ich gar nicht mehr sagen, doch ich griff zum Telefonhörer, denn es gab ja nichts mehr zu verlieren. Die Heilerin kam und „kommunizierte mit dem höheren Ich des Pferdes". Ich stehe dazu, dass ich unter normalen Bedingungen diesem aus meiner damaligen Sicht „Quatsch" nie zugestimmt hätte. Aber diese Situation war ja sowieso schon hoffnungslos. Nach etwa 20 Minuten teilte sie mir mit, dass ich mir keine Sorgen machen sollte – das Pferd werde in sechs Wochen wieder laufen. Anhand einer von ihr gefertigten Skizze sollte ich die Meridiane des Pferdes – auch als Energiebahnen bekannt – mit einer Stricknadel nachziehen. Das zweite Mal, dass ich von Energie im Körper hörte. „Klick" machte es wiederum, als mein Pferd schon nach vier Wochen wieder laufen konnte. Bis heute geht es meiner damals todgeweihten Stute gut. Seitdem sind viele Jahre vergangen.

Nun kennen wir die Wirkung der Traditionellen Chinesischen Medizin schon seit einiger Zeit durch die Akupunktur. Sie erfährt immer mehr Akzeptanz. War das für dich Grund genug, deine damaligen Sichtweisen infrage zu stellen?

Vielleicht nicht, doch es ging noch weiter! Diese Heilerin lud mich im Anschluss zu sich ein, um mit anderen an einer Zeremonie teilzunehmen. Denn sie sah in mir ein spirituelles Potenzial, dessen ich mir nicht gewahr war. Warum ich hinfuhr, kann ich nicht genau sagen – doch was ich erlebte, war unbeschreiblich: Der dritte Klick war immens.

Durch die Gruppe und unsere Fokussierung auf die Meditation geschah etwas für mich völlig Unerwartetes: Ich befand mich in einer anderen, transparenten Welt, in Verbindung zu meinem höheren Ich. Ich bin mir sicher, dass ich dabei nicht geschlafen habe – es hat sich also nicht um einen Traum gehandelt. Es war eine absolut neue Erfahrung in meinem Leben. Für mich war danach klar: Es gibt Dinge zwischen Himmel und Erde, denen wir uns nicht verschließen sollten – dazu sind sie einfach zu wertvoll und auch viel zu spannend.

Was genau wurde dir denn klar bei der Begegnung mit deinem höheren Ich?

Es war die Wahrnehmung der Ewigkeit, die Perspektive auf das Leben änderte sich. Es war die Erkenntnis, dass unser Leben etwas Größeres ist als wir vermeintlich glauben. Und noch eines: In dieser Welt gibt es nur positive Eigenschaften, keinen Ärger, Groll, Unmut, Hass oder anders Negatives – es ist eine Welt voller Liebe.

Ich gebe zu, die Verlockung war sehr groß, dort lange zu verweilen oder gar zu bleiben. Ich erinnerte mich aber an die Warnung der Heilerin, diesem Wunsch nicht nachzugeben. Solche Erfahrungen können wir durch Meditation erreichen – auch, wenn bei diesem Gedanken viele Menschen vielleicht (noch) den Kopf schütteln. Inzwischen bin ich überzeugt davon: Meditation sollte fester Bestandteil unseres Lebens sein oder werden, denn sie hilft uns, den Blick nach innen zu richten.

Hört sich ein wenig an wie „Herz über Kopf" – schwierig für einen Kopf-menschen wie den, der du damals noch warst, oder?

Klar ist, dass ich dem Erstaunen in meinem Kopf nur begegnen konnte, indem ich mich auf den Weg machte, meinen Verstand zu beruhigen, der nach Erklärungen suchte.

Google wurde gefüttert: Kinesiologie, Geistheilung, Quantenheilung, Schamanismus, Traditionelle Chinesische Medizin, mediale Menschen, Hypnose, Psychologie, Reinkarnations-Forschung, Rückführung, Epigenetik, Spiritualität und vieles andere mehr. Die Beschäftigung mit all diesen Themen erlaubte mir, eine andere Perspektive auf das bisher Geglaubte herzustellen. Ich habe versucht, die Dinge zu erlernen, nicht um sie zu praktizieren, sondern um sie zu verstehen und es machte weiter klick, klick, klick.

Du bist also noch einmal in die Lehre gegangen? Welche Ausbildungen hast du verfolgt?

Nun, zunächst habe ich Begegnungen mit Menschen gesucht, die Disziplinen ausübten, die mir fremd waren. Bei einem guten Gefühl habe ich dann auch die entsprechenden Ausbildungen begonnen: Geistheilung, Quantenheilung, Kinesiologie, ja, sogar die Ausbildung zum Heilpraktiker für Psychotherapie habe ich abgeschlossen. Hunderte von Büchern brachten viele Erkenntnisse und erweiterten mein Blickfeld – ich habe sie alle regelrecht verschlungen. Kongresse zur Komplementärmedizin zogen mich magisch an, insbesondere die Quantenphysik hat es mir noch heute angetan. Ich bin sicher, dass die Quantenphysik unser Weltbild auf den Kopf stellen wird – und zwar ziemlich bald, wir stehen kurz davor. In den EFIELDS-Trainings setzen wir ein radionisches System der Informationsfeldmedizin ein. Der Erfinder dieses Systems, Marcus Schmieke, hat die Erkenntnisse des Quantenphysikers Burkhard Heim († 2001) und vedisches Wissen, das seinen Ursprung in den uralten Sanskrit-Texten Indiens hat, einfließen lassen. Es zeigt uns die in uns verhafteten Glaubensmuster. Ich bezeichne dieses System als absolute Innovationsspitze – hinzuzufügen ist, dass es bisher keine wissenschaftliche Anerkennung findet. Mir genügt das positive Feedback unserer mittlerweile zahlreichen Klienten, um zu wissen, dass es funktioniert. Hier steht uns möglicherweise eine echte Revolution im medizinischen Bereich bevor.

Physik und Spiritualität – das passt auf den ersten Blick nicht zusammen, oder?

Es stellt sich die Frage, welchen Gesetzmäßigkeiten wir ausgesetzt sind. Genauer gesagt, wie wir sie für uns nutzbar machen können. Dabei führt uns der Weg unweigerlich zur Betrachtung des Universums und einer Intelligenz, die das Ganze hat entstehen lassen – besser gesagt: Es entsteht noch immer. Wir werden wohl kaum einen Quantenphysiker finden, der nicht auch spirituell orientiert ist. Die wissenschaftliche und spirituelle Welt treffen sich in der Wahrnehmung, dass es keine Materie in unserem Sinne gibt. Die neuen Erkenntnisse erfüllen jeden Menschen mit größter Ehrfurcht. Du wirst es nicht wagen, einen Nobelpreisträger und Professor als spirituellen oder esoterischen Spinner zu bezeichnen. Quantenphysik macht Spiritualität gesellschaftsfähig. Meine Beziehung zu Gott stand vor diesen Ereignissen nicht im Mittelpunkt meiner Überlegungen, zudem ich auch nicht sonderlich christlich erzogen worden bin. Das hat sich inzwischen geändert. Für mich steht in meinem Glauben fest, dass es diese Quelle gibt. Seitdem ist für mich klar, dass wir als Menschen Erfahrungen machen und die Ergebnisse daraus wieder in etwas, das wir nicht greifen können, einfließen lassen. Wenn man über den Sinn des Lebens – oder der Leben – philosophiert, dann kommt man zu einem unzweifelhaften Ergebnis, dem Ziel dessen, was wir Ewigkeit nennen: die bedingungslose Liebe – jene Kraft, die immer größer wird, wenn man sie teilt. Ein sehr hochgestecktes Ziel, das wir wohl so schnell nicht erreichen werden, wenn man sich unser Handeln auf diesem Planeten betrachtet. Es entspricht aber meiner tiefsten Überzeugung, dass wir unsere Welt viel besser machen können, wenn wir unser Bewusstsein so trainieren, dass wir in der Lage sind, eine andere Perspektive einnehmen zu können.

Was meinst du mit einer anderen Perspektive? Einen größeren Blickwinkel?

Menschen bezeichnen sich allgemeinhin bestehend aus Körper, Geist und Seele. Diese holistische Betrachtung findet aber in unserem Leben kaum statt. In unserer Gesellschaft arbeitet die Schulmedizin oft noch rein symptombezogen am Körper, ohne den Geist oder gar die Seele mit einzubeziehen. Wer von uns kann definieren, was mit Geist gemeint ist? Im Allgemeinen definieren wir damit unseren Verstand, was aber äußerst unzulänglich ist. Und die Seele ist gänzlich unter unserem Niveau. Ich meine damit, dass die Seele in unserem Leben kaum Berücksichtigung findet und im Business schon gar nicht. Die Seele kann man nicht anfassen, man sieht sie nicht, was ist das also? Allein damit nehmen wir mindestens 50 Prozent von unserem menschlichen Potenzial nicht in Anspruch – was für eine Verschwendung! Als Nächstes schränken wir uns ein, wenn wir uns nicht als ewig während bezeichnen – und damit die Sache „abhaken". Was für ein Irrtum! Denn wir haben das ewige Leben. Wenn wir den Sinn des Lebens als Teil einer unendlichen Entwicklung betrachten könnten, würden wir unser Weltbild anders definieren und nicht trödeln, sondern die Zeit sinnvoll nutzen – vor allem dann, wenn wir die Chance hätten, dieses Leben als Teil einer größeren Aufgabe zu sehen. Und wir würden vor allem anders miteinander umgehen, wenn wir verstanden hätten, dass wir alle miteinander verbunden sind.

Du hast also gelesen, gelernt, mit anderen diskutiert – doch wie hast du die wesentlichen Essenzen zu einer funktionierenden, ganzheitlichen Methode zusammengefasst?

Erst als die Dinge anfingen, sich zu wiederholen, beruhigte sich meine Neugier. Ich erkannte bestimmte Zusammenhänge und machte Themenschwerpunkte aus. Die EFIELDS-Charaktere entstanden in Zusammenarbeit mit dem geduldigen und sehr talentierten Gestalter Martin Siegert, um allen Menschen, die sich für das Thema interessieren, eine visuelle Hilfestellung hinsichtlich der notwendigen Arbeit mit dem Bewusstsein anbieten zu können.

Zu diesem Zeitpunkt wurde es definitiv zu meiner Berufung, Menschen von diesen Erkenntnissen profitieren zu lassen.

Die EFIELDS-Methode ist dabei wie ein Werkzeugkasten, aus dem wir uns bedienen können, um die Stellschrauben neu zu justieren. Schrauben muss jedoch jeder selbst!

Die Basis für deinen „JUMP"

Das „Boiling Frog Syndrom"

Kennst du die Situation des Frosches, der im kochenden Wasser sitzt? Schon Ende des 19. Jahrhunderts wurde entdeckt, dass ein Frosch, wenn man ihn in kochendes Wasser stecken will, selbstverständlich sofort versucht, dem heißen Wasser zu entkommen. Anders verhält es sich, wenn man einen Frosch in einen Topf mit Wasser setzt, das Zimmertemperatur hat, denn Frösche sind wechselwarme Tiere. Das heißt, sie passen sich der Temperatur ihrer Umgebung an. So fühlt sich der Frosch auch dann noch im Topf wohl, wenn man das Wasser langsam erhitzt, denn er wird seine Körpertemperatur der Umgebung anpassen. Der Frosch wird sogar so lange sitzen bleiben, bis man mit stetigem Erhöhen das Wasser zum Kochen gebracht hat. Er wird permanent versuchen, sich der Hitze anzupassen. Viel zu spät bemerkt er, dass er den Zeitpunkt zur Flucht verpasst hat – und stirbt.

Diese Weisheit wird gern auf das Verhalten von uns Menschen übertragen, denn viele von uns sitzen schon lange im köchelnden Wasser und versuchen, sich anzupassen, statt zu erkennen, dass nur ein Sprung aus dem zu heißen Nass sie retten kann. Vielleicht sitzen einige sogar schon so lange im heißen Wasser, dass sie gar keine Kraft mehr haben, sich selbst zu retten. Wie würden wir also reagieren, wenn der Prozess des Wandels zu einem Leben – das eigentlich von uns so gar nicht gewollt war – nicht schleichend, sondern schlagartig vonstattengehen würde? Würden wir dann nicht springen?

Prinzipiell verschieben wir unsere Frustrationstoleranz permanent, denn es ist uns zu anstrengend, aus dem Wasser zu krabbeln. Wir arrangieren uns lieber mit unserer Umgebung. Außerdem sitzen wir doch alle „im gleichen Boot", oder? Die anderen machen es genauso, warum sollte gerade ich etwas ändern? Wir beruhigen uns und andere mit Phrasen wie „Es wird schon wieder besser werden". Oft ergeben wir uns in das Schicksal, geben anderen die Schuld, denn es ist einfacher, Opfer zu sein als Macher. Im Job heißt es dann: „Nur noch zehn Jahre durchhalten, dann gehe ich in Rente." Auch in Partnerschaften wird oft so lange weitergemacht, bis der andere abspringt.

Nicht wenige von uns verhalten sich wie ein Frosch. Wann hast du das letzte Mal wirklich versucht, den eingeschlagenen Weg zu verlassen, Neues zu wagen? Klar, oft reden wir davon, etwas ändern zu wollen, doch bleibt es beim „Durchwurschteln". Wir fühlen zwar, dass wir nicht so leben, wie wir uns das wünschen, erkennen jedoch nicht, wo unser tatsächliches Potenzial steckt.

Ändere dieses Prinzip und du änderst dein Leben!

Es geht nicht immer darum, sofort alles hinzuschmeißen – es braucht nicht gleich eine regelrechte „Revolution" zu sein. Es geht darum, dir der Dinge bewusst zu werden, dich auf dich zu konzentrieren und herauszufinden, was du wirklich willst und an welcher Stelle es schon zu warm für dich im Topf geworden ist. Das ist Arbeit, Arbeit an dir selbst! Doch der Lohn ist vielversprechend: ein erfüllteres Leben, das auf das fokussiert ist, was wesentlich für deine Entfaltung ist. Lass dich darauf ein! Doch sei gewarnt: Andere Frösche werden dich lieber im heißen Wasser halten wollen, in dem sie selbst sitzen, statt dich auf deinem neuen Weg zu unterstützen. Hierzu noch eine kleine Frosch-Parabel:

Eines Tages entschieden einige Frösche, einen Wettlauf zu veranstalten. Ziel des Wettrennens war die Spitze eines hohen Turmes. Am Tag des Wettlaufes versammelten sich am Rand der Rennstrecke viele andere Frösche, die zusehen wollten. Keiner von ihnen glaubte wirklich, dass auch nur ein einziger der Frösche, die mitliefen, tatsächlich das Ziel erreichen könne. Der Wettlauf begann. Die Frösche am Rand feuerten die Läufer nicht an. Stattdessen riefen sie: „Oh je, das ist unmöglich!" oder „Das schafft ihr niemals!".

Und tatsächlich sollte das Publikum wohl rechtbehalten. Ein Frosch nach dem anderen gab das Rennen auf bis alle Frösche stehen blieben. Alle, bis auf einen. Dieser gelangte zum Turm, kletterte unbeirrt nach oben und erreichte als einziger das Ziel. Die zuschauenden Frösche waren vollkommen perplex. Sie wollten wissen, wie er das nur schaffen konnte.

Doch als sie versuchten, ihn das zu fragen, stellten sie fest: Dieser Frosch war taub!

Wie schon gesagt: Menschen definieren sich oft allein über das Außen. Ihr Ego wird durch äußere Umstände geformt, so entfernen sie sich von Ihrem eigentlichen Ich und überhören die innere Stimme. Ein bisschen Taubheit gegenüber der Außenwelt kann deswegen von Nutzen sein, um die innere Stimme wieder besser hören zu können.

Die Wiederentdeckung der Intuition

Diese innere Stimme können wir auch Intuition nennen. Oder anders ausgedrückt: Intuition ist das, was wir aus unserem Gefühl heraus wissen. Danach erst gebrauchen wir unseren Verstand, um die gefühlten Ergebnisse zu überprüfen. Das impliziert jedoch, dass ein Gefühl etwas weiß, also durchaus über Intelligenz verfügt. Da unser Verstand nicht an diesem Gefühl beteiligt ist, stellt sich die Frage, wo diese Intelligenz denn sitzt, beziehungsweise, wo sie herkommt. Wir gehen davon aus, dass Intuition ein energetischer Impuls ist. Hierfür gilt es allerdings zu akzeptieren, dass auch wir aus Energie bestehen. Gemeint ist das, was die Chinesen Chi, Qi oder einfach Lebensenergie nennen. Die traditionelle chinesische Medizin (TCM) arbeitet sehr erfolgreich damit. Wer schon einmal eine Akupunktur-Behandlung erlebt hat, ist damit in Kontakt gekommen. Auch die Kinesiologie arbeitet mit der Erkenntnis, dass wir energetische Wesen sind. Vielleicht hast du selbst schon einmal den berühmten Muskeltest ausprobiert, mit dem die Toleranzgrenze von Stoffen oder Allergenen getestet werden kann.

Denken wir einmal weiter: Was passiert mit unserer Energie, wenn wir körperlich sterben? Energie kann nicht sterben, man kann sie auch nicht löschen. Sie lässt sich nach einem Gesetz der Physik, dem Energieerhaltungssatz, allenfalls transformieren. Gibt es einen Zusammenhang zwischen Seele und Intuition? Ein Gedankengang, der in der Vorstellung der heutigen Wissenschaft (noch) nicht angekommen ist, denn weder Seele noch Intuition lassen sich körperlich verorten. Vielleicht suchen Gehirnforscher und Neurowissenschaftler aber nur an der falschen Stelle?

Wir befassen uns in diesem Buch damit, dass die Seele vor allem eines ausmacht: das Selbst des Menschen, seine Identität, die ihn von allen anderen unterscheidet. Rund 40 Prozent aller Deutschen glauben immerhin, dass in ihnen eine unsterbliche Seele wohnt.[2] Woher sie das wissen? Das sagt ihnen ihre Intuition!

Die EFIELDS-Charaktere

Die Visualisierungen der Spielregeln unseres Lebens stehen für unsere Einflussfaktoren. Die EFIELDS-Charaktere wurden entwickelt, um eine Hilfestellung beim Erforschen und Freilegen unserer Ursachen zu geben, um uns vor Augen zu führen, weswegen wir unser Potenzial nicht voll ausschöpfen können. Sie zeigen auf, wo wir stehen!

Die EFIELDS-Mind-Map am Ende des Buches soll eine Orientierung dafür geben, welche Charaktere daran beteiligt sind, uns in den Topf hineinzubringen und welche Charaktere wir benötigen, um den JUMP aus dem Topf heraus realisieren zu können.

Wer sie zuerst sieht, empfindet sie möglicherweise als hässlich – manche erscheinen sogar recht grimmig. Die Erfahrung zeigt, dass du sie sehr sympathisch finden wirst, wenn du erst einmal mit ihnen gearbeitet hast. Den Charakteren liegt eine klare Farbgebung zugrunde: Rot heißt Achtung – wie bei einer Ampel – und steht für Unerwünschtes/Negatives in deinem Leben. Grün hingegen bedeutet Positives/erwünschte Effekte. Figuren mit anderen Farben haben einen Bezug zu der Energie, in der sie sich bewegen, dies wird dir später noch deutlich werden.

Hierbei unterscheiden wir zwischen Basis-Figuren, die nach EFIELDS in jedem von uns eine Rolle spielen und ihren Hilfsfiguren, die in Wechselbeziehung zu den Basis-Charakteren stehen und bei einem Menschen einen Schwerpunkt bilden, bei einem anderen jedoch gar keine Rolle spielen. Alle Charaktere stehen in Wechselbeziehung zueinander und

---

[2] Laut einer Umfrage des Onlinedienstes Statista von 2017: https://de.statista.com/statistik/daten/studie/34/umfrage/meinung---christliche-glaubensinhalte/ (24.4.2018)

bedingen sich zum Teil. Oder sie stehen sogar in Bezug zu einer anderen Person. Daher kommen wir auch nicht umhin, an der einen oder anderen Stelle die Charakter-Darstellungen zu wiederholen, denn sie visualisieren am besten, was wir verdeutlichen möchten – und das in verschiedenen Zusammenhängen. Die Charaktere ergeben für jeden Menschen ein individuelles Muster, das dessen ganz persönliche Spielregeln bestimmt. Sie begleiten uns durch das Buch und werden – so hoffen wir – zu lieben Freunden, die es in uns selbst zu entdecken gilt. Akzeptieren wir sie als Teil von uns, dann können wir uns selbst besser verstehen. Denn das, was wir SEHEN, ist für uns viel realer, als das, was wir DENKEN, obwohl unser Denken unsere Realität maßgeblich beeinflusst.

Beginnen wir also mit einer scheinbar einfachen und beim genaueren Hinsehen doch verzwickten Frage: Wer bin ich? – oder: Wer könnte ich sein?

Wer bin ich? Sieh genau hin!

Vor der Veränderung kommt die Erkenntnis! Dieser Satz ist gar nicht so leicht umzusetzen, wie du sehen wirst. Denn wir sind Weltmeister im Ignorieren geworden! So lockt uns vordergründig etwas an und wir kommen ganz schnell von unserem Weg ab. Doch statt umzukehren, nehmen wir eine weitere Abzweigung in die falsche Richtung, bis wir uns verlaufen haben und nicht mehr sehen, wer wir wirklich sind.

Wir müssen wieder lernen, mit unserem Geist zu arbeiten. Der hält Körper und Seele zusammen. Stellen wir uns einen Pferderennwagen mit zwei Rädern vor. Das eine Rad steht für unseren Körper, das andere Rad für unsere Seele. Die Achse ist unser Geist – und der verbindet beides. Wir brauchen alle Wagenelemente, um erfolgreich auf die Reise zu gehen. Was passiert nun, wenn eines der beiden Räder beschädigt ist? Der Wagen kann nicht mehr fahren, wir kommen ins Schlingern.

Der Körper ist in seinen einzelnen Bestandteilen umfassend erforscht – das glauben jedenfalls die meisten von uns. Der Geist wird in unserer Gesellschaft auch als der Verstand begriffen, die Seele jedoch wird ausgeblendet, denn sie ist nicht erfassbar. Die EFIELDS-Methode bedient sich beispielsweise auch der Erkenntnisse von Bruce Lipton, einem US-amerikanischen Entwicklungsbiologen und Pionier der neuen Wissenschaft der Epigenetik. Seine Forschungsergebnisse besagen, dass unsere Biologie von unseren Überzeugungen gesteuert wird, nicht von unseren Genen. Das bedeutet: Entscheidend ist dein innerer Zustand und der hat insbesondere etwas mit dem Milieu deiner Gedanken zu tun.

50 Billionen Zellen oder mehr sind Befehlsempfänger deiner inneren Einstellung, also dessen, was du glaubst – warum ziehst du keinen Nutzen daraus? Schon in Matthäus 9,29 steht hinsichtlich der Heilung von zwei Blinden: „Es geschehe gemäß eurem Glauben". Unsere gesamte Körperchemie wurde demnach auf Wachstum, Gesundheit und Liebe programmiert. Wenn wir uns im Leben aber mit einem unerfreulichen Milieu umgeben, dann hat das auch auf unseren Körper Auswirkungen. Die gute Nachricht ist: Wir haben in der Hand, wie wir uns fühlen, es ist

unsere Entscheidung! Der Schlüssel dazu ist ganz einfach: Wir müssen es nur glauben!

Dieser Glaube ist ein wichtiges Instrument des Geistes, der bewusst und unterbewusst arbeitet. Unser Bewusstsein nehmen wir jedoch viel zu wenig in Anspruch. Wir lassen uns von unserem Unterbewusstsein führen. Dabei funktioniert unser Unterbewusstsein wie ein Programm, das auf eine Festplatte zugreift, die schon sehr früh bespielt worden ist. Hier sind Muster und Emotionen gespeichert, die wir ein Leben lang mitnehmen. Bestimmte Situationen lösen im Unterbewusstsein einen Prozess aus, der früh angelegt wurde und uns im späteren Leben hemmen kann.

Wir müssen also unterscheiden lernen zwischen dem Unterbewussten und Unbewussten, obwohl diese Begriffe oft synonym verwendet werden.

Die Psychologie definiert das **Unterbewusstsein** als die Bewusstseinsebene, deren Inhalte uns zwar nicht bewusst sind, die aber durchaus über Reflexionen bewusst gemacht werden können. Dies ist der wesentliche Unterschied zum **Unbewussten**, dessen Inhalte auch durch Selbstreflexion nicht zugänglich sind.

Das Unterbewusstsein

Wir sind aufgebaut wie ein Computer oder ein Roboter. Die Seele als Betriebssystem, das Unterbewusstsein mit gespeicherten Programmen und eine Festplatte, auf der Informationen abgelegt sind, insbesondere solche mit emotionaler Aufladung.

Das Unterbewusstsein wird im Kindesalter gebildet. Bereits das Baby im Mutterleib erlebt und speichert Informationen. Kinder nehmen diese Informationen ungefiltert als reine Wahrheit auf und beziehen sie auf sich selbst: Die mitgegebenen Informationen werden – die Figur stellt es dar – wie mit einem Staubsauger aufgesogen. Kinder leben bis zum sechsten Lebensjahr noch mit einer anderen Gehirnfrequenz als Erwachsene, nämlich im Theta-Wellen-Bereich, das entspricht 4 bis 8 Hz und gleicht damit einem hypnotischen Zustand. Dies gestattet ihnen, schneller zu lernen oder Beobachtungen aufzuzeichnen, wie etwa bei einer Fernsehkamera. Dadurch werden unbewusste Überzeugungen geformt. Wir wollen als Kind möglichst schnell lernen, etwa um zu wissen, was zu tun ist, wenn plötzlich ein Tiger vor uns steht. Das gilt natürlich für alle Situationen im Leben. Zu dieser Zeit übernehmen wir die Glaubens- und Verhaltensmuster unseres Umfelds. Unser Umfeld hat hierauf maßgeblichen Einfluss, also in der Regel unsere Eltern und die Familie. Sofern eine Information eine emotionale Aufladung aufweist, wird sie uns besonders stark beeinflussen – ein Leben lang. Denn Emotionen wirken wie ein Booster für unsere Aufnahmefähigkeit. Eine Fremdsprache lernen wir schnell, wenn diese Aufladung vorhanden ist – zum Beispiel, wenn wir uns in einen Menschen verlieben, der eine andere Sprache spricht. Ist diese Aufladung nicht vorhanden, führt kein Weg an der bekannten und unliebsamen Vokabelpaukerei vorbei. Ohne emotionale Aufladung brauchen wir hohe Wiederholungsraten, um unsere Festplatte bespielen zu können.

Experten streiten bisweilen darüber, bis zu welchem Lebensjahr das Unterbewusstsein in dieser Form geprägt wird. Es ist hierbei jedoch nicht wesentlich, ob man davon ausgeht, dass mit dem fünften, sechsten oder siebten Lebensjahr der Prozess abgeschlossen ist. Viel wichtiger ist, dass nach Abschluss der prägenden Phase bereits mehr als 80 Prozent unserer „Festplattenkapazität" verbraucht sind. Danach wird dieser Speicher nur noch bespielt, wenn schwerwiegende Situationen in unser Leben treten – beispielsweise ein Trauma auslösendes Ereignis.

Betrachten wir unsere Festplatte, so kann eine in früher Kindheit ins Unterbewusstsein aufgenommene Aussage eines Elternteiles wie „Du bist zu dumm dafür" oder „Das wirst du nie lernen" später immer wieder dazu führen, dass wir aus dem Unterbewusstsein heraus auf diese Information zugreifen und uns selbst für dumm halten, egal, wie erfolgreich wir ein Studium oder eine Ausbildung abgeschlossen haben. Dieses Merkmal sitzt tief eingebrannt auf unserer Festplatte und bestimmt unseren Geist. Wir sitzen wie festgeschnallt davor, während das Unterbewusstsein unser Tun bestimmt. Zum Teil finden sich auf unserer Festplatte sogar Programme, die von den Eltern vererbt worden sind. Auch so werden „falsche Glaubenssätze" nicht bewusst, sondern unbewusst weitergegeben. So kann diese Art der Fehlinformation uns im wahrsten Sinne des Wortes in unserem Leben fehlleiten. Solche Fehlleitungen führen zu einem Unbehagen unseres Selbst, das Unbehagen führt wiederum zu negativen Gedanken.

Tipp: Befrage Menschen in deiner Umgebung, welchen Glaubenssatz sie bei dir wahrnehmen. Dann überlege dir, woher dieser Glaubenssatz kommen könnte: Mutter, Vater, Großeltern, Geschwister oder hat er eine andere – vielleicht traumatisierende – Ursache?

Der negative Gedanke

Der negative Gedanke steht in Korrelation zum Unterbewusstsein und greift auf die dort abgelegten Informationen zu. Der negative Gedanke wird durch negative Muster und Emotionen genährt. Er stresst uns, obwohl er überhaupt kein Fakt ist. Er ist nur ein Gedanke, ein Gedanke, ein Gedanke! Er entsteht aus unserem Unterbewusstsein. Dieser EFIELDS-Charakter verdeutlicht, was der negative Gedanke tut: Er läuft wie ein hässliches Männlein gegen den Uhrzeigersinn in unserem Kopf herum. Wir sind nicht „im Fluss", sondern werden blockiert durch die falsche Laufrichtung unserer Gedanken. So greifen wir durch die immer wiederkehrenden Ideen im Kopf uns selbst energetisch an und beschädigen uns. Die Schlussfolgerung: Wenn ich negative Gedanken habe, kann ich gar nicht glücklich und erfolgreich werden. Ich blockiere mich also ständig selbst. Negativität und Nörgelei sind schon fast so etwas wie Modetrends geworden. Auch im Fernsehen zählen nur noch negative Meldungen, die zudem ständig wiederholt werden.

Wir brauchen unser Bewusstsein, um negative Gedanken aufzuspüren. Die Herausforderung: Unser Unterbewusstsein bestimmt zu etwa 95 Prozent unser Denken und Handeln, unser Bewusstsein leitet uns nur zu fünf Prozent. Das Unterbewusstsein arbeitet schneller, doch wir benötigen das Bewusstsein, um die negativen Gedanken wirklich wahrzunehmen und aus dem Kreislauf auszusteigen. Dies bedeutet – so leid es uns tut – Arbeit, denn um das Bewusstsein aktiv gebrauchen zu lernen, bedarf es einer permanenten Anstrengung. Nur so kommen wir dahin, die negativen Gedanken unseres Unterbewusstseins aufzuspüren und ihnen entgegenzuwirken. Dies ist essenziell für ein bewussteres Leben, denn: Dein Leben soll nicht mehr von negativen Gedanken bestimmt sein! Mit diesen Gedanken beschädigst du dich selbst. Sie erzeugen Unruhe in dir.

Tipp: Beobachte deine Gedanken! Hole sie wieder in dein Bewusstsein. Es geht darum, dein Bewusstsein arbeiten zu lassen. Denn das eigene Unterbewusstsein sollte dein Leben nicht mehr bestimmen – das ist das Ziel. Es geht dabei nicht darum, negative Gedanken zu vermeiden, das wäre nur oberflächlich möglich, sondern es geht darum, den negativen Gedanken als solchen zunächst erst einmal erkennen zu können.

Das Gedankentagebuch

Um uns unsere Gedanken bewusster zu machen, hilft es zunächst, sie nur zu beobachten! Wichtig ist dabei, negative und sich wiederholende Gedanken so zu notieren, wie sie kommen und gehen, ohne sie durch unser Bewusstsein zu bewerten oder zu interpretieren.

Es gibt wissenschaftliche Studien, die belegen, dass wir Menschen etwa 70.000 Gedanken am Tag denken. Davon sind rund 70 Prozent flüchtige oder unwichtige Gedanken. Nur etwa drei Prozent sind positiv und kreativ. Der Rest, also 27 Prozent, sind negative, destruktive Gedanken. Unser Gehirn ist enorm leistungsfähig und verfügt über eine unglaubliche Kapazität. Leider nutzen wir diese Kapazität nur sehr geringfügig und überlassen es den negativen Gedanken, uns im Leben zu leiten.

Gedanken sind flüchtig, selbst, wenn sie immer wiederkehren. Wir halten sie nicht fest und können daher im Nachhinein nicht mehr genau wiedergeben, was wir gedacht haben. Es bleibt nur das Gefühl zurück, dass etwas da ist, was uns beschäftigt. Aber wir können es nicht greifen. Versuche es einmal – zunächst nur für einen Tag. **Führe ein Gedankentagebuch – das kann eine gute Hilfe sein.** Dabei sollst du jedoch deine Gedanken nicht bewerten, bevor du sie aufschreibst, sondern jeden Gedanken genauso niederschreiben, wie er gekommen ist. Denkst du zunächst, dass das doch gar nicht so schwierig sein sollte, wirst du nach kurzer Zeit feststellen, dass du, während du schreibst, schon deine eigenen Gedanken kategorisierst und damit verfälscht.

 Tipp: Wähle einen Tag, an dem du nicht arbeiten musst. Denn konzentrierst du dich auf all deine Gedanken, auch die flüchtigen, wird dir auffallen, wie viel da zusammenkommt. Am wichtigsten: Du wirst erkennen, welche Gedanken immer wiederkehren. Sie sind es, die uns bestimmen und oft in eine falsche Richtung lenken. Hier musst du ansetzen, um zu erkennen, wo du stehst – nicht diffus, durch das unbestimmte Gefühl, dass etwas nicht so ist, wie es sein sollte, sondern konkret, indem du deine Gedanken ganz bewusst wahrnimmst.

So flüchtig Gedanken sind, so real werden sie, sobald sie aufgeschrieben sind. Denn erst, wenn wir sie selbst immer und immer wieder nachlesen können, werden sie für uns zu einem Fakt. Das kann sehr erschreckend sein und der Verstand sagt einem dann auch prompt: Nein, so ist es ja gar nicht! Aber dennoch sind sie faktisch schon lange da, in unserem Unterbewusstsein. Hier arbeiten sie beständig und manipulieren uns. Zu sehen, was uns unser Unterbewusstsein Schwarz auf Weiß präsentiert, nachlesbar und unverblümt, ist oft schmerzhaft. Aber es ist der erste, erfolgreiche Schritt zur Reinigung.

Das Gedankentagebuch sollte am besten eine bis zwei Wochen lang geführt werden, um die **wiederkehrenden, sich ständig wiederholenden** Gedanken entsprechend umfassend aufzunehmen. Danach können die negativen Gedanken in drei wesentliche Kategorien gefasst werden, wie wir sie im dreifachen Ampelsystem des folgenden Kapitels erläutern. So erfasst du zunächst einmal, wo du gerade im Leben stehst.

Du wirst feststellen, dass es eine überschaubare Anzahl von Gedanken ist, die sich dir immer wieder aufdrängen. Das Tagebuch wird also kein Roman werden. In der Regel bewegt sich das Maximum bei fünf Gedanken je Kategorie – und das wäre schon sehr viel.

Das dreifache Ampelsystem

Das EFIELDS-Ampelsystem hilft, den Weg zu den Ursachen zu finden, die dafür sorgen, dass wir uns in einigen oder vielleicht sogar allen Lebensbereichen nicht wohlfühlen. Wir empfinden uns oft als hilflos, geben anderen oder der Welt an sich die Schuld. Oder nehmen eine Opferrolle ein. Wir kennen schlicht nicht die Ursache für die Dinge, die uns dahin geführt haben, wo wir jetzt stehen.

So individuell das Leben jedes Einzelnen auch ist, so gibt es doch für uns alle zusammenfassend drei wesentliche Ampeln, die maßgeblich unser Wohlbefinden spiegeln. Die Ampeln beziehen sich auf folgende drei Kategorien:

- Gesundheit/Psyche
- Familie/Partnerschaft
- Beruf/Finanzen

Das reicht zunächst als Kategorisierung, denn: **Wenn's nicht einfach geht, dann geht's einfach nicht!**

Die drei Bereiche decken in Oberbegriffen die Gedanken, die uns maßgeblich beschäftigen, weitestgehend ab. So können wir Gedanken filtern, die bedeutsam für uns sind, da sie uns behindern, in unser volles
Potenzial zu gelangen. Noch einmal: Wir erinnern uns daran, dass wir
70.000 Gedanken am Tag denken, von denen die meisten unbewusst
sind. Die Gedanken, die uns bewusst werden, sind oft jedoch negativ.

Gesundheit/Psyche

Konzentrieren wir uns also zunächst auf diese Ebene! Was sagt dir dein
Gedankentagebuch? Wie steht es um deine Gesundheit, physisch und
psychisch? Findest du Schlaf? Wie hoch ist dein Stress-Level? Gibt es
körperliche Beschwerden? Sieh' genau hin, sei ehrlich zu dir selbst, wie
geht es dir wirklich … wirklich … wirklich?

Auch wenn du vordergründig der Meinung bist, deine Ampel stehe bei
Gesundheit auf Grün – du hast keine körperlichen Beschwerden –, lei-
dest du vielleicht doch unter Unverträglichkeiten, Allergien, Schlafbe-
schwerden, Ruhelosigkeit? Wie steht es um deine innere Ausgewogen-
heit? Auch deine Psyche ist Teil deiner Gesundheit, sogar deren wich-
tigster Teil, denn viele, wenn nicht die meisten körperlichen Beschwerden, kommen durch ein Ungleichgewicht der Psyche zustande!

Dennoch können wir auch durch unsere Lebensgewohnheiten Indikato-
ren für eine Vernachlässigung unserer Gesundheit finden.

Sicherlich ist dir selbst schon bewusst, dass eine ausgewogene Ernährung zum eigenen Wohlbefinden beiträgt. Wie steht es mit deinem
Fleischkonsum? Wie viel Zucker nimmst du zu dir? Rauchst du? Trinkst
du regelmäßig Alkohol? Hast du hinterfragt, ob du Kuhmilcheiweiß ver-
trägst? Stell dir diese Fragen ganz ehrlich. Es geht hier nicht darum,
deine Ess- und Trinkgewohnheiten radikal zu verändern, aber eine Sensibilität dafür zu entwickeln, was du tagtäglich zu dir nimmst, denn auch
das machen wir uns alle meist nicht wirklich bewusst. Die Auswirkungen
einer falschen Ernährung lassen sich ja auch nicht unmittelbar am eigenen Leib erfahren, deswegen werden sie meistens schlichtweg verdrängt.

Nehmen wir ein Beispiel: mal unterstellt, du isst jeden Tag einen Apfel, was sehr wünschenswert wäre. Dieser Apfel wiegt 200 Gramm. Das wären im Jahr Äpfel mit einem Gewicht von 73 Kilogramm und in 50 Jahren 3,65 Tonnen! Diese Rechnung wäre für andere Lebensmittel, solche, die uns schaden, ziemlich unerfreulich.

Wir wollen und können an dieser Stelle nicht das Thema Ernährung im Ganzen aufgreifen. Hierzu sind viele Bücher geschrieben worden. Wir wollen auch gar nicht mit erhobenem Zeigefinger agieren, denn jeder sollte genau so leben, wie es sich für ihn richtig anfühlt. Aber mach dir bewusst, was du isst, denn ein altes Sprichwort sagt ja nicht zu Unrecht: Du bist, was du isst! Gerade in unserer Gesellschaft ist die industrielle Herstellung von Lebensmitteln sehr weit fortgeschritten – dabei ist der Konkurrenzkampf groß, die Wirtschaftlichkeit steht im Vordergrund. Darunter leidet die Qualität und, was noch viel wesentlicher ist: Die Lebewesen, die unserer Ernährung dienen, leiden ebenfalls.

Falsche Ernährung bringt außerdem unseren Säure-Basen-Haushalt im Körper ins Ungleichgewicht. Doch auch andere Einflüsse, wie Elektrosmog und vor allem Stress-Situationen wirken sich nachteilig auf unseren Körper aus. Diese Imbalance kannst du sogar schmecken.

Hierbei sei auf die Hydroxypathie verwiesen, die als grundlegende Therapie in der Naturheilkunde bezeichnet wird. Geprägt wurde dieser Begriff von Ronald Fischer. Das Wort setzt sich zusammen aus Hydrogenium für Wasserstoff, Oxygenium für Sauerstoff, Hydroxid als Verbindungen zwischen Wasserstoff und Sauerstoff sowie „pathie" als Kennzeichnung eines Leidens oder einer Erkrankung. In der Hydroxypathie werden Verbindungen von Wasserstoff-Ionen, Sauerstoff-Ionen und deren mögliche Hydroxid-Ionen eingesetzt, um den pH-Wert positiv zu beeinflussen. Durch ein Basenkonzentrat sollen die Poren der Zelle wieder geöffnet und Schlacken heraustransportiert werden können.

Bereits 1931 erhielt Dr. Otto Warburg († 1970) einen Nobelpreis für seine Erkenntnis, dass Säuren Einfluss auf den Zellstoffwechsel haben und verantwortlich für die Entstehung von Krebs sein können.

Wenn der Volksmund den Begriff „Ich bin sauer" prägt, dann zeigt das schon, dass überwiegend Stress, Angst, Ärger, Sorgen, Schlafmangel und alles, was dadurch ausgelöst wird, für diese Übersäuerung verantwortlich sind, kurz: unsere unterlassene Gedankenhygiene.

Jeder kann eine Geschmacksprobe mit einem Basenkonzentrat vornehmen, um zu sehen, wie es um das eigene Säure-Gleichgewicht im Körper bestellt ist. Da die Ionen im Konzentrat sich mit den Ionen im Speichel verbinden, entstehen Salze, die teilweise sehr unangenehm schmecken können. In dem Buch „Hydroxypathie – auf dem Weg zum bioverfügbaren Menschen" von Ronald Fischer findest du weitere Erläuterungen dazu, wie Basenkonzentrate wirken sowie eine Geschmackstabelle, die bereits Hinweise darauf geben kann, welche Schwächen im eigenen Körper vorhanden sind.

Das Thema Gesundheit ist ein umfassendes Gebiet, das immer wieder neue Aspekte aufzeigt, warum es im Hinblick auf die Einheit Körper-Seele-Geist so wichtig ist, auch dem Körper Respekt und Sensibilität entgegenzubringen. Wer seinem Körper immer wieder Schaden zufügt, ob nun bewusst oder unbewusst, und die Symptome, die der Körper gibt, ignoriert, wird über kurz oder lang an seine Grenzen stoßen. Denn leider gilt: Der Mensch ändert sich nur angesichts einer existenziellen Bedrohung! Die tritt zum Beispiel dann ein, wenn man an Diabetes oder Krebs erkrankt ist oder einen Herzinfarkt erlitten hat. Hier ist die Ampel nicht mehr rot, sie ist förmlich explodiert. Doch selbst dann neigen wir Menschen dazu, die Symptome eher mit Medikamenten „ruhig zu stellen", statt das absolute Warnsignal des Körpers als das zu sehen, was es ist: Ein deutlicher Hinweis darauf, dass sich etwas ändern muss.

Also: Ändere deine Perspektive und du veränderst dein Leben!

 Tipp: Hinterfrage einmal deine Essgewohnheiten. Isst und trinkst du bewusst? Was kaufst du ein? Isst du viel auswärts? Junkfood? Süßigkeiten? Alkohol? Ist Essen eine Belohnung für dich? Eine Ablenkung? Hast du mit Süchten zu kämpfen? Betäubst du deinen Körper, um dein Inneres nicht zu „hören"?

Wenn du bereits körperliche Symptome hast, die dir Sorgen bereiten, kann es zudem hilfreich sein, sie auf einer Skala zu verorten. Hierzu kannst du dir selbst ein einfaches Schema erstellen und dann deine gesundheitlichen Beschwerden dort aufführen.

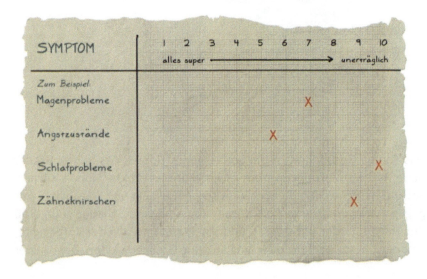

Mach dir bewusst, dass dein Körper dir etwas mitteilen möchte. Natürlich ist dies hier kein ärztlicher Ratgeber. Bei Krankheiten sollte in jedem Fall ein Arzt konsultiert werden. Jedoch ist dein Körper eben auch ein Transportmittel für deinen seelischen Zustand – und je früher du dir anschaust, was dahinter liegt, desto wahrscheinlicher lebst du auch in einem gesunden Leib.

Wenn du den in diesem Buch beschriebenen Prozess beschreiten solltest, dann fülle die obige Skala nach sechs bis zwölf Monaten noch einmal aus und stelle die Veränderungen fest. Du wirst überrascht sein!

Familie/Partnerschaft

Hier geht es um das Beziehungsfeld – dabei stehen Familie, Partnerschaft und auch Freundschaften im Mittelpunkt. Ist da bei dir alles im grünen Bereich? Oder hältst du an Beziehungen fest, die dir nicht mehr guttun? Manchmal muss man auch im Umfeld „ausmisten", um zum Wesentlichen zurückzukehren. Manchmal halten wir an Menschen fest, obwohl wir wissen, dass wir sie besser liebevoll gehen lassen sollten. Das „Ausmisten" schafft Raum für neue Begegnungen, bewusstere Freundschaften. Das soll nicht heißen, dass du deine Beziehungen komplett infrage stellen sollst, jedoch sieh' genau hin, was deine versteckten Gedanken dir sagen und vertraue auf deine Intuition – bleib hierbei bitte auf der obersten Ebene. Das heißt, du solltest an dieser Stelle noch nicht versuchen, deine Gedanken zu filtern. Natürlich fallen verschiedene Beziehungen in diesen Bereich, wie die Liebesbeziehung, Freundschaft, Familie. Aber Achtung: Versuch nicht, die Beziehungen gegeneinander aufzuwiegen, um deine Ampelstellung zu beeinflussen. Ist nur ein Beziehungsaspekt für dich auf Rot gestellt, ist die Ampel als rot zu bezeichnen.

Beruf/Finanzen

Beim Thema Beruf und Finanzen fällt es den meisten leicht zu sagen, die Ampel steht mindestens auf Gelb, wenn nicht auf Rot, denn wer ist schon so richtig zufrieden mit seinem Kontostand? Es geht doch immer mehr, oder? Gerade beim Thema Beruf und Finanzen machen wir alle den Fehler, uns immer höhere Ziele zu stecken, sodass die Ampel niemals auf Grün springen kann. Denn wir interpretieren den Begriff Erfolg für uns meistens falsch. In unserer Gesellschaft wird Erfolg nahezu gleichgesetzt mit finanziellem Reichtum und/oder Macht. Jedoch entsteht durch beides nicht zwangsläufig Glück oder wenigstens Zufriedenheit. Was ist wirklich Erfolg für dich? Wann bist du zufrieden mit dem, was du hast? Hast du dir darüber schon einmal Gedanken gemacht? Weißt du, wofür du wirklich, wirklich, wirklich brennst?

Dies ist nämlich ein ganz entscheidender Faktor beim Thema Erfolg: Wer für das brennt, was er tut, wird sich voll engagieren und alles machen, um das innere Feuer weiter anzufachen – doch viel zu oft ist das eben nicht der Fall. Führungskräfte haben meist kein Gefühl dafür, ob ihre Mitarbeiter an der richtigen Stelle eingesetzt sind.

Mitarbeiter sind aber genau dort, wo sie sich in ihrer Position und ihrem Aufgabenfeld wohlfühlen, sehr produktiv und arbeiten erfolgreich und mit Freude. Dann entsteht eine Win-Win-Situation. Doch leider entspricht genau das viel zu selten der Realität. Wie sollte das auch funktionieren? Führungskräfte sind meist nicht darin geschult, zu erkennen, wofür die eigenen Mitarbeiter brennen. Das Menschliche kommt in unseren Unternehmen immer öfter zu kurz.

Wirklich erfolgreiche Führungskräfte haben jedoch in aller Regel ein untrügliches Gefühl dafür, wenn etwas nicht stimmt – leider lässt sich diese Intuition nicht so ohne Weiteres belegen und läuft darum meist ins Nichts. So verharren alle auf ihren Positionen – das Potenzial der Mitarbeiter wird nicht ausgeschöpft oder, noch schlimmer, konterkariert, denn ihre Tätigkeit ergibt möglicherweise gar keinen Sinn für sie.

Alles auf Rot?

Ein kleiner Exkurs an dieser Stelle! Es sei einmal bewusst darauf hingewiesen, dass wir alle darauf konditioniert sind, eher die rote Ampel zu betrachten als zu sehen, was sich alles im „grünen Bereich" befindet. Das ist nicht sonderlich klug. Denn schaut man mal nur auf das Jetzt –

darauf, dass man frei atmen kann, im besten Fall Arme und Beine bewegen, aufstehen, sich aus einem Wasserhahn frisches, trinkbares Wasser holen kann, so ist bei den meisten von uns vermutlich relativ viel im „grünen Bereich". Doch dies soll nur eine Randbemerkung sein, denn wir wollen uns ja durchaus den gedanklichen roten Ampeln widmen. Der Grund ist einfach: Genau das sind jene Bereiche, die schmerzen und uns innerlich blockieren. Mit den schönen Dingen müssen wir uns hier nicht befassen, sondern mit dem, was uns im Wege steht, um erfolgreich und zufrieden unseren Lebensweg zu gehen.

Die verschütteten Talente wieder zu entdecken – das nennen wir Potenzialentfaltung!

Nun denn, wie sieht dein Ampelsystem aus?

Jetzt beginnen wir mit unseren Ampelsystemen, den Ursachen unserer negativen Gedanken auf den Grund zu gehen. Wir wollen erforschen, weswegen wir so geworden sind, wie wir sind.

Die Ampeln sind die Eingangstür zu diesem Weg, den wir gehen müssen, um auf die Verkapselungen in uns zu stoßen und dort eine Veränderung unseres Bewusstseins zu bewirken.

 Tipp: Erstelle die Ampeln nicht nur für dich. Erkläre dieses Prinzip dir nahestehenden Menschen und unterhalte dich mit ihnen über eure Ampelstellungen. Du wirst Überraschungen erleben!

Wo habe ich mich verlaufen?

Wir haben– ohne in die Tiefe zu gehen – unser individuelles Ampelsystem erstellt. Wir könnten nun im Außen nach den Ursachen suchen, warum diese oder jene Ampel auf Rot steht. Doch das wäre der falsche Ansatz, denn letztendlich bewirken wir selbst das, was unser Leben ausmacht. Leider wird uns die Bewusstseinsarbeit nicht als Allgemeinwissen mit auf den Weg gegeben. So verlaufen wir uns meist schon früh – auch durch die Einwirkung anderer, denn wie wir bereits wissen, wird unsere Festplatte schon in der Kindheit zum allergrößten Teil bespielt. Es ist an uns, unseren ursprünglich angelegten Weg (wieder) zu finden.

Das Spiel des Lebens

Auf unserer Reise durch das Leben nehmen wir meist mehr als einen Weg, auch mehrere Umwege. So zeigt es uns auch der EFIELDS-Charakter – das Labyrinth – mit dem eingezeichneten optimalen Lebensweg (hier blau).

Die meisten von uns nehmen irgendwo auf dem Weg eine Abzweigung und verlaufen sich im Labyrinth des Lebens. Nehmen wir eine weitere Abzweigung, so entfernen wir uns noch weiter von unserem Weg. Gekennzeichnet durch die Polarität der Erde orientieren wir uns an Gut und Böse, tragen beides in uns.

Wir lassen uns leiten von negativen Gedanken, von Glaubenssätzen, die wir für uns verinnerlicht haben, von Verurteilungen, die wir aussprechen, von unserem Ego, das genährt werden will – all diese Figuren werden wir noch kennen lernen. Sie befinden sich bei der EFIELDS-Figur auf der vorigen Seite jedoch schon in den Gängen des Labyrinthes. Wir nennen es Spiel des Lebens, denn trotz aller Irrungen und Wirrungen sollten wir nicht vergessen, dass es aus einer übergeordneten Perspektive nicht so ernst zu nehmen ist. Wir sollten uns einfach nicht so wichtig nehmen und Freude an diesem Spiel, unserem Leben, entwickeln. Es ist kein Wettkampf, sondern Rätsel und Lösung zugleich.

Daher ist die gute Nachricht: Wir können trotz all unserer Abzweigungen und Sackgassen immer wieder zurückfinden zum Plan unseres Lebens. Wenn wir aufhören, im Außen nach Antworten zu suchen für unser Sein, dann kehren wir zurück zu dem, was unser Inneres uns sagt, also unsere Seele.

Jeder von uns hat sich schon einmal die Frage gestellt: Was soll das hier eigentlich alles? Warum bin ich hier? Zum Essen, Schlafen, Arbeiten? Was ist der Sinn von alledem? Ohne Sinn zu sein, macht uns krank – wir können das an den steigenden Zahlen von Depressionserkrankungen sehen. Es gibt sogar Stimmen aus der Gehirnforschung, die vermuten, dass es sich bei Demenzerkrankungen um Krankheitsbilder handelt, bei denen die Erkrankten keinen Sinn mehr im Leben sehen.[3] Wir suchen also nach dem Sinn unseres Lebens, jedoch bleiben wir dabei im Außen verhaftet, statt auf die Seele zu schauen, die einen Plan für unser hiesiges Leben hat.

 Tipp: Denk doch einmal darüber nach, ob es eine tief greifende, negative Abzweigung in deinem Leben gab und ob es zu dem Zeitpunkt ein Gefühl in dir gab, das seine Stimme gegen diesen Weg erhoben hat.

---

[3] Eine in diesem Umfeld bekannte Studie ist die Nonnenstudie aus den U.S.A. Sie ist eine Längsschnittstudie über das Altern und die Faktoren der Alzheimer-Krankheit bei Frauen in den Vereinigten Staaten. Die Studie wurde von dem Epidemiologen David Snowdon an der Kentucky-Universität durchgeführt. Sie lief ab 1986 mit der Beteiligung von etwa 600 amerikanischen Ordensschwestern der Kongregation der Armen Schulschwestern von Unserer Lieben Frau im Alter zwischen 76 und 107 Jahren. Ein auffälliges Ergebnis war die Unabhängigkeit des pathologischen Gehirnbefunds von der wiederholt erhobenen intellektuellen Leistungsfähigkeit derselben Personen zu Lebzeiten. Das heißt: Auch Personen, bei denen bei der Sektion stark veränderte Gehirnbefunde festgestellt wurden, konnten bis zu ihrem Tod geistig anspruchsvolle Aufgaben ausführen. (Quelle: Wikipedia)

Der Seelenplan

Der Seelenplan beinhaltet die Sinngebung unseres gewählten Lebens. Aus Sicht der Ewigkeit und des Universums, welches beides für uns Menschen nicht fassbar ist, ist ein Menschenleben ein Wimpernschlag. Wir sprechen hier von den unendlichen Weiten, von Galaxien, die Lichtjahre entfernt liegen. Wie soll dies fassbar sein? Wo hört es auf? Manche möchten daher eher glauben, dass diese Unendlichkeit, diese Ewigkeit ein Märchen ist. Wir können nicht erfassen, was nach dem Tod kommen soll, also kann es dort nichts geben … oder doch? Es geht uns nicht darum, eine religiöse Botschaft zu vermitteln. Es geht auch nicht um die Wertung von Religionen oder Überzeugungen, jedoch geht es darum, mit dem eigenen Verstand wahrzunehmen, was sinnvoll erscheint.

Daher ist es doch schlichtweg nicht nachvollziehbar, dass eine Seele nur für ein einziges Leben gemacht ist, oder was meinst du? Was würde das für einen Sinn ergeben? Ein winzig kurzes Dasein in vollem Bewusstsein und dann ... NICHTS?

Die Reinkarnationsforschung hilft, unsere Perspektive dahingehend zu erweitern. Die Forschungsarbeit des kanadischen Psychiaters Prof. Dr. Ian Stevenson (†2007) sei hier erwähnt. Die überzeugendsten empirischen Hinweise darauf, dass wir Menschen den Tod überdauern und in einem neuen Körper wiedergeboren werden können, stammen von Erinnerungen kleiner Kinder an ihre angeblichen früheren Leben. Diesen Erinnerungen ist Prof. Stevenson nachgegangen. Wer sich näher dafür interessiert, dem sei sein Buch empfohlen (siehe hinten).

Schauen wir uns die Natur an. Auch hier befindet sich alles im Kreislauf. Die Erneuerung ist Teil der Jahreszeiten – ein absolut nachvollziehbarer und natürlicher Gedanke für uns. Warum sollte der Mensch nicht Teil dieses Kreislaufes sein? Wenn wir also festhalten, dass es Sinn macht, darüber nachzudenken, dass es einen größeren Plan gibt – von etwas Übergeordnetem, das die Erde als Bühne benutzt, als Spielfeld, als eine Art Schule der Erfahrung, dann stellt sich die Frage: Warum erscheint das Leben oft so schwer? Sollte ein Spiel nicht von Leichtigkeit getragen sein? Warum so viele Hindernisse, so viel Kummer?

Unser Planet bietet aufgrund seiner Polarität viele Möglichkeiten, Erfahrungen für die Seele zu sammeln. Das ist wichtig, denn wie sollten wir wissen, was hell ist, wenn es die Dunkelheit nicht gibt? Wie können wir erfahren, wie sich kalt anfühlt, wenn wir nicht wissen, was Wärme ist? Was macht etwas Gutes aus, wenn wir die „böse Seite" nicht kennen?

Der große Plan, der für einen jeden vorgesehen ist, ist meist erst im Rückblick begreifbar. Ging es dir auch schon einmal so, dass du eine Situation überstehen musstest, die du als äußerst schwierig empfunden hast, und du im Rückblick gedacht hast: Eigentlich war dies das Beste, was mir jemals passieren konnte!? Oder du hast dich entgegen deines Bauchgefühls für eine Richtung entschieden, bist diese gegangen, um irgendwann festzustellen, dass du im Kreis gelaufen bist und wieder vor derselben Gabelung stehst wie zuvor? Im Übrigen ist so etwas ein starker Hinweis deiner Seele, für den du dankbar sein solltest.

Wir können den Seelenplan auch unsere Referenz nennen. Das, was wir intuitiv als richtig für uns wahrnehmen. Jeder nimmt Ereignisse anders wahr, jeder hat seine eigene Sicht auf die Welt, seine eigene Wahrheit der Dinge. Folgen wir unserer Referenz, bewegen wir uns auf unserem Lebensweg, lassen wir sie außer Acht, verlassen wir den Plan, den unsere Seele für uns hat. Die Seele, früher noch als fester Bestandteil unseres Seins akzeptiert, wird heute in unserer Gesellschaft weitestgehend ignoriert. Dies ist im wahrsten Sinne des Wortes „verrückt", wir sind „ver-rückt" – wir haben die Perspektive verändert und dies tut uns nicht gut. C.G. Jung sagt:

„Man hat ein Gefühl von dem, was sein sollte und was sein könnte. Von dieser Ahnung abzuweichen bedeutet Abweg, Irrtum und Krankheit."

Dabei hat jeder von uns so etwas Ähnliches sicher schon einmal erlebt und hat sich dabei sagen hören: „Ich hatte schon so ein komisches Gefühl – habe es aber dennoch getan – jetzt habe ich den Salat". Schauen wir uns unseren geplanten Weg einmal an und welche Auswirkungen eine Abweichung haben kann: Eine für uns kaum merkliche Veränderung kann über die Zeitachse zu einer enormen Abweichung führen. So sagt der Schmetterlingseffekt: Ein Schmetterlingsschlag hier löst woanders einen Tornado aus. Kleine Effekte können sich somit über eine Kettenreaktion bis zur Katastrophe selbst verstärken.

Wir erinnern uns dabei auch an unsere Suppe, die wir Leben nennen. Die Temperatur wird nicht auf einen Schlag heiß gestellt, sondern kaum merklich angehoben, irgendwann hat man dann den „Point of no Return" erreicht.

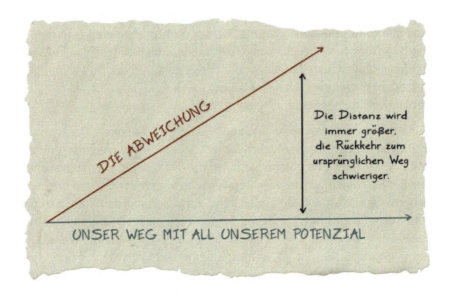

DIE ABWEICHUNG

Die Distanz wird immer größer, die Rückkehr zum ursprünglichen Weg schwieriger.

UNSER WEG MIT ALL UNSEREM POTENZIAL

Die Psyche leidet unter solchen Abweichungen, denn dann sind wir weggerückt von unserem Seelenplan, ignorieren ihn einfach. Dabei haben wir zudem verlernt, uns selbst zu lieben. Wir nehmen uns nicht als das an, was wir sind, sondern sind ständig bestrebt, etwas zu sein oder zu tun, von dem wir meinen, es sein oder tun zu müssen. So nehmen wir die Welt von einem verrückten Standpunkt aus wahr, der nicht mehr dem entspricht, was unsere Seele uns vermitteln möchte. Wir nehmen uns selbst und die Umstände, in denen wir leben, viel zu wichtig, denn wir lassen uns von dem Außen bestimmen statt auf unser Inneres zu hören. Wenn wir uns aufregen, sind wir im Außen. Wenn wir Angst haben, sind wir im Außen. Wenn wir uns Sorgen machen, sind wir im Außen. Wir definieren uns durch das Außen – glauben inzwischen den größten Teil unserer Zeit, dass wir das sind, was das Außen uns spiegelt. So ist es jedoch auch leicht, das Außen für das verantwortlich zu machen, was uns geschieht. Ziel muss es also sein, wieder auf den ursprünglich einmal von unserer Seele gewählten Weg zurückzukehren.

Tipp: *Geh doch einmal tief in dich. Nimm dir Zeit. Gibt es dort ein Ge-*
fühl, eine Ahnung, dass dein Leben noch etwas anderes für dich be-
reithalten könnte?

Das Vertrauen

Das Vertrauen steht in enger Beziehung zum Seelenplan. Dabei kommt
es beim Vertrauen auf unseren Glauben an, den Glauben an einen Gott
oder Schöpfer. Ein Lied des Pfarrers Arno Pötzsch (†1956) besagt:

„Du kannst nicht tiefer fallen als nur in Gottes Hand."

Das Vertrauen darauf, dass wir aufgefangen werden, hilft uns, unseren
Weg auch auf schmalem Grat und mit sich immer wieder in den Weg

werfenden Hindernissen mit geschlossen Augen sicher zu gehen – wie es die EFIELDS-Figur zeigt. Hierzu ein Zitat aus dem Kinderbuch-Klassiker Pippi Langstrumpf:

„Das habe ich noch nie vorher versucht, also bin ich völlig sicher, dass ich es schaffe." Astrid Lindgren

Die Menschen haben durch den Verlust ihres Glaubens zusehends das Vertrauen verloren und damit auch ihr Selbstvertrauen. So machen wir unsere Liebe zu uns selbst abhängig von der Liebe, die wir von anderen bekommen – hierunter fällt auch die Anerkennung durch andere. Dieser Vertrauensverlust in uns selbst macht es sehr schwer, auf dem eigenen Weg zu bleiben, denn wir werden wankelmütig und begeben uns in die Hände anderer Menschen, statt in die Hand Gottes. Dies schürt die Angst in uns, denn wir nehmen die Opferrolle ein – unser Denken wird von einem Wäre-Hätte-Könnte bestimmt statt von dem Sein.

Tipp: Hast du nicht jeden Abend, wenn du ins Bett gehst, das Ver-trauen, dass du am nächsten Morgen wieder aufwachen wirst? Un-sere Erfahrung zeigt uns ja, dass nach der Nacht der Morgen wieder-kommt und wir aufwachen. Hier haben wir in aller Regel das notwen-dige Vertrauen, durch unseren Schlaf Erholung zu bekommen. Erwei-tere doch einmal diesen Gedanken und sage dir zum Beispiel: Ich habe das Vertrauen, dass der nächste Tag mir gute und wichtige Er-fahrungen bringt!". Mit dieser Erwartungshaltung wird das Aufste-hen am nächsten Morgen mit Sicherheit viel freudiger als ohne diese sein.

Die Angst

Wenn wir nicht im Vertrauen auf Gott oder einen Schöpfer sind, wenn wir nicht im Vertrauen darauf sind, dass unsere Situation zu unserem Seelenplan gehört, so werden wir von Angst bestimmt. Angst spielt dann in fast jedem Lebensbereich eine Rolle. Sie kommt ohnehin immer zum Tragen, wenn wir uns selbst verlieren oder in eine Notsituation kommen. Wir glauben, wir verlieren den Anschluss an das System unserer Gesellschaft:

- Angst engt ein
- Angst führt zu einem Tunnelblick
- Angst begrenzt die Wahrnehmung

In unserer Gesellschaft besitzt Angst einen hohen Stellenwert. Eine ganze Branche – die Versicherungsunternehmen – lebt von der Angst. Wir versuchen, unsere Angst abzusichern und manifestieren sie noch mehr in unserem Leben.

Unsere Welt ist heute stark vernetzt – wir alle konnten live zusehen, wie in New York das World Trade Center Ziel eines Anschlags wurde. Medien verbreiten schlechte Nachrichten rund um den Globus. Dabei scheint es, dass nur schlechte Nachrichten relevante Nachrichten sind. Eher hören wir von Naturkatastrophen, Unfällen, Anschlägen als von tollen Erfindungen, die die Welt verbessern können, erfolgreichen Hilfeleistungen oder positiven Entwicklungen.

So nehmen wir selbst diese Energie auf und machen sie zu unserer eigenen Wahrheit. Wir nähren unsere Angst-Energie.

Die EFIELDS-Figur „Die Angst" zeigt die in unserer Gesellschaft fest verankerte Angst vor dem Tod – vor dem eigenen Tod oder auch dem Tod derjenigen, die uns nahestehen. Diese Beklemmung lässt uns den Tod aussperren, jedoch müssen wir uns immer klar machen:

Das Leben ist eine tödliche Angelegenheit – für jeden von uns.

Und am Ende des Lebens werden die meisten von uns nicht das bereuen, was sie getan haben, sondern vielmehr das, was sie (aus Angst) nicht getan haben.

Tipp: Schreib einmal auf, was dir einfällt an Dingen, die du aus Angst unterlassen hast. Damit ist nicht so etwas wie Fallschirmspringen oder die Besteigung des Mount Everest gemeint. Es geht vielmehr um alltägliche Dinge – zum Beispiel, dass du ein Mädchen oder einen Jungen im Café nicht angesprochen hast, aus Angst vor Ablehnung, oder dass du deinen Job – der dir keine Freude bereitet – behältst, aus Angst, keinen anderen zu bekommen.

Danach hilft ein Blick nach innen, um wahrzunehmen, was wir wirklich wollen. Das funktioniert aber nur, wenn wir ohne Angst in Berührung mit unserer Intuition kommen.

Die Intuition

Intuition ist die Sprache der Seele, und die Seele hat immer recht. Wenn wir eine gut entwickelte Intuition haben, sind wir in der Lage, der Sprache der Seele folgen zu können. Oft sagt uns unsere Intuition etwas und wir ignorieren es. Wer kennt nicht die Aussage: „Ich wusste doch, dass das schief gehen würde, ich hatte schon so ein Gefühl"? Im Volksmund nennen wir dies auch gern das Bauchgefühl. Wie wir unsere Intuition spüren, ist bei jedem unterschiedlich. Deswegen wird bei der EFIELDS-Figur hier sowohl das Herz als auch ein Stern im Bauchbereich dargestellt. Denn sagt der eine: „Ich muss auf mein Herz hören!" und meint damit seine intuitive Eingebung, geht sie beim anderen eher vom Bauch aus.

Wo auch immer wir die Stimme unserer Seele wahrnehmen, diese Intuition muss wiederentdeckt werden. Wir leben in einer Zeit, in der, gerade auch im geschäftlichen Bereich, nach Daten- und Faktenlage entschieden wird. Das wird es in Zukunft zunehmend weniger geben. In unserer immer komplexer werdenden Welt gestalten sich die Zusammenhänge immer undurchsichtiger, es gibt unüberschaubare Datenmengen, zu viele geschaffene Fakten. Es ist schlichtweg kaum noch möglich, vorherzusehen, was passiert, wenn man an der einen „Stellschraube" dreht – und worauf das dann wirklich Einfluss hat. Die Intuition wird wieder eine größere Rolle spielen, auch im Geschäftsleben, auf allen Ebenen. Manager sollten beispielsweise besser ihre Intuition schulen, statt nur Fakten zu analysieren.

In der heutigen Zeit hat die Datenanalyse (Big Data Analytics) es bereits geschafft, die uns selbst verborgenen Abspeicherungen auf der Festplatte besser auszuwerten als wir selbst. So ist es nicht nur Werbetreibenden für ihr Marketing, sondern auch gesellschaftlichen Gruppierungen bis hin zu politischen Blendern möglich, genau jene Aspekte hervorzuheben, die unser Ego nähren und damit unsere im Unterbewusstsein angelegten Muster zu verfestigen. Wir werden manipuliert und lassen uns selbst immer weiter wegbringen von dem, was wir tatsächlich sind. Die moderne Technologie zeigt uns nur noch das, was uns „vermeintlich" interessiert und fokussiert uns selbst immer stärker auf das Außen, das wir als „wahr" empfinden. Doch es gibt so viele Wahrheiten, die wir durch die Brille der Datenanalyse nicht mehr wahrzunehmen vermögen, wir bekommen einen Tunnelblick. Die Seele aber liegt außerhalb dieses Tunnels.

Folgen wir nicht unserer Intuition, so werden die Warnhinweise zunehmen, je weiter wir uns von unserem ursprünglichen Weg entfernen. Das kann sich auch durch Entzündungen und Krankheiten im Körper äußern, denn die Seele ist mit jeder Zelle verbunden. Oder es zeigt sich durch psychische Merkmale wie andauernde Unzufriedenheit, Depression oder Abhängigkeiten, denn der Geist steht dann nicht mehr in Verbindung zur Seele. Es kann sogar von außen indiziert sein durch Unfälle und sich immer größer auftürmende Hindernisse, denn wir stehen in permanenter Resonanz zu unserem Umfeld. Das alles sind Wegweiser, die durch eine gute Intuition erkannt werden können – sie ermöglicht es uns aber auch jederzeit, wieder zurückzukehren zum Seelenplan, zu unserem eigentlichen Ich.

 Tipp: Wir werden noch darauf zu sprechen kommen, wie wir unsere Intuition stärken können. Die Stimme der Intuition ist leise – sie kann nicht gehört werden im Rauschen der permanenten Beschallung von außen. Wenn du eine Entscheidung treffen möchtest, dann werde innerlich ruhig, lasse die Argumente sacken. Nicht umsonst sagt der Volksmund: „Schlaf noch mal eine Nacht darüber!" Denn im Schlaf werden wir zwangsläufig ruhig. Wenn du dir jedoch ganz bewusst die Ruhe nimmst, ist der Vorgang noch effektiver – dann kannst du dein Herz- oder Bauchgefühl (wieder) wahrnehmen.

Die Resonanz

Das Gesetz der Resonanz besagt, dass alles, was wir empfangen auch mit dem zu tun hat, was wir aussenden – so, wie das Sprichwort besagt: „Wie du in den Wald hineinrufst, so schallt es heraus." Wenn wir in Resonanz gehen, so schwingen unsere eigenen Gedanken und Emotionen mit. Jeder Gedanke, den wir aussenden, ist Energie und sucht sich auf seinem Weg eine gleichschwingende Energie, die dann mit den ausgesandten Energien in Resonanz geht. Wir beeinflussen also bewusst oder unbewusst unser Umfeld und versetzen auch andere Energien in Schwingung, wie eine Welle, die eine andere Welle beeinflusst. In der Physik spricht man von konstruktiver und destruktiver Interferenz. Nach dem Superpositionsprinzip verstärken sich Wellen demnach bei der

Überlagerung gegenseitig oder löschen sich aus. Wir kennen diesen wesentlichen Aspekt auch bei der Resonanz – entweder wir verspüren beim Zusammentreffen mit jemandem eine bejahende (konstruktive) Resonanz oder empfinden die Schwingung als negativ, als destruktiv. Wichtig ist, sich hierbei bewusst zu machen: Wir sind alle im Schwingungsfeld miteinander verbunden. Jedoch kommt es auf die eigene Schwingung an, ob wir durch die Energie, die auf uns einwirkt, selbst berührt werden oder eben nicht, so wie es das EFIELDS-Bild zeigt.

Dabei ist entscheidend: Gleiches zieht Gleiches an! Egal ob positiv oder negativ behaftet. Wir senden Informationen aus und empfangen sie, ohne hierfür aktiv in einen Kommunikationsprozess einzusteigen – durch unser Unterbewusstsein senden wir diese Schwingungen aus. Dabei ist es absolut erheblich, was wir in diesem Moment von uns selbst denken, denn genau das strahlen wir aus. Hast du schon einmal erlebt, dass ein Mensch durch die Tür kommt und du denkst: „Wow, was für eine Ausstrahlung!" Wenn es allen anderen im Raum auch so geht, hat dieser Mensch eine Schwingung, die von allen als überdurchschnittlich positiv wahrgenommen wird – er strahlt sie ab.

Doch wer nun denkt, die Kraft der Gedanken sei das effektivste Mittel, um die eigene Ausstrahlung zu verändern, der übersieht die machtvollste Energiequelle in uns: unser Herz! Das menschliche Herz erzeugt ein wesentlich größeres Energiefeld als bisher angenommen, denn es zieht einen weiten Ring um uns, wie das Heartmath Institute herausfand. Wenn wir also mit unserem Herzen fühlen, so senden wir Energien aus, die um ein Vielfaches stärker sind als unsere Gedanken, die wir in unserer auf Logik aufgebauten Welt meist für wesentlich wichtiger halten.

Dabei dient das Herz als Vermittler unserer Gefühle, und vor allem auch Überzeugungen, nach außen. Wir haben also sehr viel Macht, sind uns dessen aber oft gar nicht bewusst. Damit wir sie nutzen können, sollten wir zutiefst von dem überzeugt sein, was wir erreichen wollen. Wer also zum Beispiel gerne mehr Geld haben möchte, aber im Grunde seines Herzens davon überzeugt ist, dass Geld schlecht ist, wird genau das auch immer ausstrahlen und niemals ein volles Bankkonto haben.

Wir sind demnach ununterbrochen Sender und Empfänger zugleich. Was wir aussenden, empfangen wir auch, denn das Gesetz der Resonanz sagt immer: „Ja!" Erst, wenn wir uns dessen voll bewusst werden, können wir mit jenen Dingen in Resonanz treten, die wir in unserem Leben wirklich haben wollen.

 Tipp: Erkenne die Resonanz im Kleinen. Setze einen Tag lang ein Lächeln auf, das du jedem aus vollem Herzen und mit guten Wünschen schenkst. Du wirst erstaunt darüber sein, wie viel Glücksgefühl du zurückbekommst. Zwar wird nicht jeder zurücklächeln, aber jeder wird deine positive Ausstrahlung spüren und du wirst plötzlich viel mehr Positives in den Menschen dir gegenüber erkennen können.

Energiefelder

Stell dir vor, du wärst ein Radio, und dein Empfänger wäre auf eine bestimmte Frequenz eingestellt. Nun stell dir weiter vor, du gehst in eine Gruppe von Menschen, die negative Gedanken haben und mit diesen genau diese Frequenz bedienen. Du wirst das Stimmengewirr zwar nicht verstehen, aber die Gefühle, die diesen Gedanken zugrunde liegen oder durch sie erzeugt werden, die fühlst du.

Das ist genau der Grund, warum wir umgangssprachlich von einer „merkwürdigen Stimmung" sprechen oder meinen: „Es liegt was in der Luft" – neudeutsch heißt es auch „Bad vibrations", oder „Vibes". Gemeint ist immer dasselbe: Dieses Gefühl, wenn wir einen Raum, ein Geschäft oder eine Firma betreten oder uns einer Gruppe von Menschen aussetzen und uns einfach nicht wohlfühlen.

Im positiven Sinne kennen wir dies auch, wenn wir mit einem Menschen „auf einer Wellenlänge" liegen oder mit ihm harmonisieren – wir fühlen uns wohl.

Vorsicht! Energetische Schwingungen sind hochgradig ansteckend, sie können Besitz von uns ergreifen. Deshalb ist es sehr sinnvoll, die Sensibilität zu fördern, negative „Vibes" zu bemerken, ihnen innerlich etwas entgegenzusetzen oder dieses Feld zu meiden.

Es erscheint uns sinnvoll, an dieser Stelle die Hypothesen des englischen Biologen Rupert Sheldrake zu erwähnen, der behauptet, dass Telepathie eine normale Kommunikationsform darstellt. Nach bestehender Wissenschaftsauffassung ist geistige Aktivität eine reine Sache des Gehirns, es spielt sich also im Kopf ab. Es gibt jedoch auch Belege dafür, dass Gedanken unseren Kopf durchaus verlassen. Folgende Erfahrungen haben viele Menschen hiermit schon gemacht:

- Wir können einen Menschen dazu bewegen, sich umzudrehen, wenn wir ihn von hinten anstarren. Er scheint unsere Aufmerksamkeit zu bemerken, er fühlt sich beobachtet.
- Auch die Wirkung einer Absicht lässt sich wahrnehmen: Wir erhalten einen Anruf von einer Person und stellen fest, dass wir gerade in dem Moment an diese Person gedacht haben.

Kennst du die Geschichte „Der Hundertste Affe"? Diese Bezeichnung geht auf eine Affenpopulation zurück, die auf einer kleinen, japanischen Insel lebte. Dort fraßen die Affen viele Kartoffeln, und zwar so schmutzig, wie sie aus der Erde kamen. Eines Tages beobachteten Forscher, wie junge Affen begannen, die Kartoffeln zuerst am Strand im Wasser zu waschen, bevor sie sie verzehrten. Mit der Zeit übernahmen das auch die älteren Affen, bis schließlich immer mehr Tiere dieser Inselpopulation ihre Kartoffeln wuschen. Und dann geschah das Wunder: Plötzlich – mit einem Schlag – begannen nun auch die Affen auf anderen Inseln ihre Kartoffeln zu waschen, ohne dass sie ein physisches Vorbild dafür gehabt hätten, weil die einzelnen Affenstämme durch das Meer völlig voneinander isoliert waren.

Wie ist das möglich? Rupert Sheldrake erklärt es mit den sogenannten morphogenetischen Feldern: Das sind feine, unsichtbare Energiefelder, mit denen die Affen untereinander verbunden sind. Wenn nur genügend Affen ihre Kartoffeln waschen, wird diese energetische Information so stark, dass sie über die morphogenetischen Felder plötzlich an alle anderen Affen übertragen wird. Dieses Gesetz lässt sich durchaus auch auf uns Menschen übertragen.

Hierzulande sträuben sich viele Menschen, einen Zusammenhang zu sehen zwischen Körper, Geist und Seele, oder noch schlimmer, dem Selbst und dem sie Umgebenden. Folgen wir jedoch unserer Intuition, so spüren wir die Schwingungen in unserer Umgebung. Denn jeden Menschen umgibt ein Energiefeld, das auf andere wirkt. Wenn ich negativ denke, erzeuge ich ein negatives Feld und ziehe dieses an. Der Soziologe Robert K. Merton prägte hier den Begriff der „self fulfilling prophecy", das heißt, der Mensch, der an seine Vorhersage glaubt, verhält sich auch so, als würde sie sich tatsächlich erfüllen.

Negative Gedanken beschädigen mich und rauben mir Energie. Auch das negative Feld eines anderen wirkt auf mich ein und bringt mich selbst in eine schlechtere Verfassung. Da die Natur stets um Ausgleich bemüht ist, vermischen sich die Felder, sodass es demjenigen, der in schlechterer Verfassung ist, ein wenig besser geht. Demjenigen, der jedoch grundsätzlich positiv gestimmt ist, wird es automatisch schlechter gehen. So kann sich beispielsweise in einer Partnerschaft der eine nicht entfalten, wenn der andere in permanent schlechter Stimmung ist. Auch im beruflichen Umfeld macht sich dieses Prinzip bemerkbar: Werden zwei konträre Charaktere, zum Beispiel ein fröhlicher, offener Verkäufer und eine introvertierte, pessimistische Sekretärin, in ein Büro gesetzt, so werden sich ihre morphogenetischen Felder beeinflussen. Der Verkäufer wird nach kurzer Zeit weniger Abschlüsse erreichen, da er unbewusst zu sehr damit beschäftigt ist, die negative Schwingung der Kollegin auszugleichen, während die Sekretärin von dem positiven Feld profitiert.

Zurückkehrend zur eigenen Intuition erspüren wir, welches Umfeld gut für uns ist. Das lässt sich nicht durch Fakten oder Zahlen ausdrücken. Die Intuition wird in der Welt, wie wir sie momentan erleben, oft durch Egozentrik und das damit einhergehende Gefühl des sich Durchkämpfens, um zum Erfolg zu gelangen, unterdrückt.

 Tipp: Schau dir die Menschen in deiner Umgebung an, bevor du dich entscheidest, ob du bleiben willst. Dies gilt insbesondere auch für Wohnungen. Nachbarn haben einen direkten Einfluss auf dein eigenes Wohlbefinden, denn Energien machen nicht Halt vor Wänden oder Türen.

Energiefelder umgeben jeden von uns. Treffen wir auf ein Energiefeld eines anderen, so spüren wir das intuitiv. Wenn wir unser Bewusstsein nicht einschalten und dieses Feld nicht wahrnehmen, schwimmen wir im Strom der toten Fische. Wir lassen uns mittreiben, auch wenn das gar nicht gut für uns ist, wie der EFIELDS-Charakter deutlich macht. So verringern wir im wahrsten Sinn des Wortes unsere Lebenserwartung, denn wir leben nicht, sondern werden gelebt.

Es gibt natürlich auch ein Umfeld, das sich positiv auf uns auswirkt. Oft umgeben wir uns jedoch mit Dingen und Menschen, die uns eher blockieren. Denn das Umfeld, das uns umgibt, beeinflusst uns nachhaltiger als jede in uns geschaffene Energie, da aus dem Umfeld meist mehrere Energien gleichzeitig auf uns einwirken.

Wenn wir uns Orte suchen, an denen wir Kraft schöpfen können, wie bei einem Waldspaziergang oder auch in einer Kirche, so laden wir unsere eigenen Energien auf. Dieses Energietanken hält jedoch nicht vor, wenn wir uns die meiste Zeit in einer Umgebung aufhalten, die uns negativ beeinflusst.

Daher müssen wir uns fragen: Wie leben wir? Wie wirkt unser eigenes Zuhause auf uns? Ist es ein Ort der Entspannung oder der Unruhe? Wie sind die Nachbarn? Ist unser Arbeitsplatz ein Ort, an dem wir uns gern aufhalten? Was ist mit den Menschen, die uns umgeben? Jedes Individuum hat einen Einfluss, bei Gruppen wirkt er noch verstärkt. Wir nehmen auch meist deutlich wahr, wenn wir neben einem Menschen stehen, der sich schlecht fühlt.

Oft suchen wir uns unbewusst sogar Personen, die gegenteilig zu dem sind, was wir uns in unserem Leben wünschen. Das hängt mit unseren Erfahrungen zusammen, denn so, wie wir aufgewachsen sind, so sind wir geprägt und unser Unterbewusstsein drängt uns dazu, nach Personen zu suchen, die uns ein Gefühl von „Zuhause" geben, auch wenn wir dieses „Zuhause" abstreifen wollten.

 Tipp: *Schreibe die Namen aller Freunde, Familienmitglieder und Bekannten in eine Liste und notiere daneben die Reaktionen, die sie bei dir hervorrufen, wie zum Beispiel: bringt mich zum Lachen, will von mir profitieren, strengt mich an oder gibt mir Kraft. So kannst du feststellen, ob die Menschen, die dich umgeben, dir guttun oder nicht. Bitte also nicht Menschen um Rat, die eine negative Gedankenhygiene haben, oder anders ausgedrückt: „Frage nicht die Frösche, wenn du den Sumpf trockenlegen willst".*

Wenn du dich mit den für dich richtigen Menschen umgibst, so unterstützt du deine eigene Energie und stärkst dich selbst. Entziehe denen, die dir nicht so guttun, etwas Zeit.

Ursache - Wirkung

Wir haben bereits von dem Seelenplan gesprochen, der die Aufgaben für unser jetziges Leben abbildet. Dieser Plan beinhaltet auch gewisse Päckchen, die wir vielleicht aus einem anderen Leben noch immer mit uns tragen. Dinge, die wir noch nicht gelöst haben.

Manche Menschen sprechen hierbei auch vom **Karma**. Dieser Begriff wird im Hinduismus, Buddhismus und Jainismus verwendet für die Folge einer jeden Tat. Denn jede Handlung und jeder Gedanke bewirken etwas – direkt oder indirekt. Letztendlich wirken sie am Ende auch auf den Handelnden und Denkenden selbst.

Wenn wir also glauben, wir könnten ohne Eigenverantwortung in diesem Leben zum Schaden anderer handeln, so sind wir uns offensichtlich nicht bewusst, dass wir, wenn vielleicht auch nicht im jetzigen Dasein, so doch in dem darauffolgenden, die Konsequenzen unseres Handelns zu tragen haben werden. Unser Päckchen wird dann um ein Vielfaches schwerer sein als jetzt.

Es ist demnach durchaus wünschenswert, wenn wir die Wirkung unseres Handelns noch in diesem Leben zu spüren bekommen, um das Gepäck der Seele nicht zu vergrößern.

Die EFIELDS-Figur zeigt es deutlich: Das Entzünden der Kerze mag uns im ersten Moment Wärme und Licht spenden, wie wir meinen. Jedoch wird die Kerze irgendwann so abgebrannt sein, dass das Feuer das Seil durchtrennt und uns die Last unseres Tuns buchstäblich auf den Kopf fällt. Ist ein solcher „Quick Win", wie die zunächst einmal entfachte Wärme, es tatsächlich wert, dass wir mit der damit erzeugten Konsequenz auch in zehn Jahren noch leben können? Oder fällt uns diese Entscheidung irgendwann wieder vor die eigenen Füße?

Jeder sollte versuchen, bei den eigenen Entscheidungen das große Ganze nicht aus dem Blick zu verlieren. Es geht darum, die eigene Handlungsweise immer wieder auf Nachhaltigkeit zu prüfen. Dieses Prinzip ist unabhängig davon, ob wir auf unserem gewählten Lebensweg gehen oder nicht – es ist ein universelles Gesetz, das alles überstrahlt. Wir müssen uns stets bewusst machen, dass alles Tun und selbst unser reines Denken eine Wirkung hat, auf uns selbst und auf andere. Das Ignorieren dieses Gesetzes wird uns schließlich nicht gut bekommen, auch wenn wir den Zusammenhang der Wirkung zur Ursache möglicherweise gar nicht mehr erkennen können oder uns die Wirkung vielleicht erst in einem darauffolgenden Leben offenbart wird.

 Tipp: Wenn du das nächste Mal in einer Situation bist, die dir einen Vorteil zu Lasten eines anderen bringt – zum Beispiel, wenn eine gemeinsame Arbeit mit einem Kollegen ausschließlich deinem Können zugeordnet wird – so überdenke, ob du diese Situation nicht von deiner Seite aus korrigieren möchtest. Es wird dir langfristig von größerem Nutzen sein, als wenn du dich „mit fremden Federn schmückst".

Wir sollten, wann immer es uns möglich ist, versuchen, bestimmte Ursache-Wirkungen aufzuheben. Um im eigenen Leben aufzuräumen, müssen wir der Ursache, deren Wirkung wir oder andere zu spüren bekommen haben, mit einer Gegenfrequenz ausstatten, sodass die Schwingung, die sich negativ auswirkt, eliminiert werden kann. Das ist für uns deutlich spürbar: Wenn wir durch uns veranlasste negative Ursache-Wirkungs-Ketten erkennen und auflösen können, löst sich in uns selbst ein Knoten, es ist wie ein befreites Aufatmen. Wir haben, wenn wir dies verinnerlichen, die Möglichkeit, unser eigenes Happy End zu kreieren. Denken wir an folgende Situation: Wir sehen uns einen Hollywood-Film an. Eineinhalb Stunden lang werden dem Hauptdarsteller „Steine in den Weg gelegt" oder er verursacht selbst durch sein Handeln Wirkungen, die nicht gut für ihn sind. Wir sind Beobachter dieser Situation, sehen die Ursache-Wirkungs-Kette. Am Ende des Films wird die Situation aufgelöst, entweder durch einen Handlungswechsel des Protagonisten oder, wenn er durch andere behindert wurde, indem diese in ihrem vorherigen Handeln entlarvt werden – Happy End!

Im wahren Leben glauben wir jedoch nicht an ein Happy End und oftmals handeln wir auch nicht danach, etwa, indem wir die Wirkung der von uns veranlassten Ursachen korrigieren. Doch am Ende unseres Weges in diesem Leben werden uns die Wirkungen unseres Tuns in jedem Fall noch einmal vor Augen geführt, wie in einem Museum. Hier können wir sie nicht mehr ignorieren oder abgespalten von uns betrachten.

Das Museum

Die Figur ist angelehnt an die derzeit vorherrschende Meinung der Nahtodforschung, bei der davon ausgegangen wird, dass wir am Ende unseres Lebens an unseren Emotionen, die wir selbst erlebt haben UND die wir anderen zugefügt haben, vorbeigehen – wie durch ein Museum. Jede Emotion ist ein Bild, das auf uns wirkt. Die erdrückenden Bilder der negativen Emotionen nehmen wir dabei mit, denn sie zeigen auf, welche Emotionen uns davon abhalten, zur bedingungslosen Liebe zu kommen – sie sind unsere besonderen Lehrbilder! Wir erleben diese Emotionen in der Retrospektive noch einmal, durchleben selbst den Schaden, den wir angerichtet haben und packen ein neues Päckchen mit dem, was wir in diesem Leben nicht gelöst haben. Es wird uns in einem neuen, selbst gewählten Leben wieder begleiten, da wir all die Erfahrung im Diesseits nicht genutzt haben, um unseren Seelenplan vollständig zu verwirklichen.

Natürlich ist es wünschenswert, dass der Rückblick auf unser eigenes Leben am Ende mehr positiv stimmende Bilder als negative Eindrücke bereithält. So können wir auch an jedem Tag überlegen: Was waren heute für mich positive Erlebnisse, was hat mich negativ beeinflusst? Überwiegt der positive Part, so bleibt uns auch der Tag als schön in Erinnerung.

 Tipp: Kompensiere schlechte Schwingungen, negative Gedanken und Erlebnisse mit positiven Eindrücken, die du ganz bewusst speicherst. Ein Beispiel: Im Job ist etwas schrecklich schief gegangen, wofür du die Verantwortung trägst. Beschließe den Tag jedoch mit deinem Partner oder deiner Partnerin, einem Freund oder der Familie und gönne dir einen besonderen Abend mit einem schönen Essen oder einer extra Kuscheleinheit, denn schließlich ist nicht alles schlecht in deinem Leben! Dann bist du wieder „im Reinen" mit dir.

Es sollte uns stets bewusst sein: Das Leben ist eine verdammt tödliche Angelegenheit. Wir können ganz sicher sein, dass es jeden von uns treffen wird. Dies wird in unserer Gesellschaft sehr gerne verdrängt, denn wir halten uns für unsterblich. Daher können wir auch schlecht mit Krankheiten oder einer Begleitung in den Tod bei anderen umgehen. Dies sollte bitte hinter verschlossenen Türen stattfinden, denn es macht den meisten Menschen Angst. Wenn man den Tod jedoch eher als einen Übergang begreift, so fällt die Angst und damit auch die Verdrängung weg. Das Ableben in dieser Welt, das uns allen bevorsteht, ist also vielmehr eine Hilfestellung, um zu begreifen, dass wir nur begrenzt Zeit haben, um unser Potenzial voll zu entfalten. Doch wir vertrödeln die Zeit statt zu „TUN". Drehe das Wort einmal um, so entsteht ein gut funktionierender Merksatz:

„Nicht unnötig trödeln"! Wir stehen uns selbst im Weg, denn wir haben immer unheimlich viele Gründe, etwas nicht zu tun, auch wenn wir es grundsätzlich wollen. Es scheinen uns die passenden Argumente zu fehlen, um einfach zu handeln. Niemand möchte sich ausschließlich auf sein Bauchgefühl verlassen, denn das gilt nicht als valides Bewertungskriterium. Dennoch bereuen wir am Ende nur das, was wir nicht getan haben, aber gern hätten tun wollen.

Wer sich damit intensiver befassen möchte, dem sei das Buch „5 Dinge, die Sterbende am meisten bereuen" von Bronnie Ware empfohlen. Die Australierin arbeitete als Krankenschwester auf der Palliativstation eines Krankenhauses und begleitete Menschen, die im Sterbebett lagen. Das ermutigende Buch hat die Kraft, Veränderungen anzustoßen, um wirklich das Leben zu führen, das wir wollen.

Was blockiert meinen Weg?

Wir sollten uns also auf den Weg machen - doch dabei gilt es, Blockaden zu lösen, die fest in uns verankert sind.

Das Ampelsystem kann uns dabei helfen, klarer zu sehen. Wir starten im Hier und Jetzt und gehen schrittweise zurück. Dabei sind die Aspekte der Gesundheit wesentliche Anhaltspunkte. Wir machen uns bewusst, wie wir mit unserem Körper umgehen und welche Signale uns die Seele über unseren Körper schickt. Haben wir unsere Hülle bereits selbst beschädigt, können wir gar nicht zum Erfolg kommen, sondern müssen uns zunächst damit auseinandersetzen, wo die Ursachen für unsere körperlichen Beschwerden liegen. Auch die beiden anderen Ampeln geben Hinweise, woran wir in uns arbeiten können: Ist mit Familie und Partnerschaft, Beruf und Finanzen alles in Ordnung?

Wir haben einen Status quo und ein Ziel vor Augen, allerdings können wir nicht linear auf das Ziel zusteuern. Wir setzen uns schrittweise mit den Ursachen unseres jetzigen Zustandes auseinander und können erst dann auf der nächsten Stufe weitermachen, denn es geht um eine Entpuppung. Wir legen Schicht für Schicht alles frei, was uns daran hindert, unseren Weg zu gehen und unser Ziel zu erreichen.

Dabei kann es sogar passieren, dass wir am Ende ein anderes Ziel verfolgen, als wir anfangs dachten. Deshalb müssen wir uns mit erlernten Verhaltens- und Glaubensmustern beschäftigen, die uns geprägt und fehlgeleitet haben, um daraus herzuleiten, was zu tun ist, um die erste Stufe erklimmen zu können. Erst am Ende dieser Kette von Bewusstmachung steht die vollständige Entfaltung des eigenen Potenzials.

Verhaltensmuster

Kinder adaptieren Verhalten durch Beobachtung. Dies ist bei uns Menschen genauso wie in der Tierwelt. Kinder beobachten ihre Bezugspersonen, wie ihre Mutter oder ihren Vater, nehmen das Verhalten wahr und verankern es als richtig für ihr eigenes Verhalten.

Verhaltensmuster sind nicht mit dem vegetativen Nervensystem zu verwechseln, das ohne Steuerung des Willens funktioniert, wie der Herzschlag oder die Atmung. Erst wenn wir Atemprobleme haben, wird uns bewusst, wie kostbar es ist, frei atmen zu können. Auch das Instinktverhalten auf bestimmte Schlüsselreize ist uns schon von Geburt an gegeben. Für uns ist jedoch das adaptierte Verhalten von Relevanz, denn das beeinflusst uns unbewusst, und behindert uns vielleicht in unserer Entfaltung.

So ist bei dem EFIELDS-Charakter oben das Verhaltensmuster als Architektin dargestellt, die Abläufe und Prozesse zeichnet. Sie symbolisiert die Mutter als einen Elternteil, der die Erziehung prägt. Dies bezieht sich selbstverständlich nicht nur auf die Mutter (die hier nur symbolisch dargestellt wird), sondern auf alle Bezugspersonen, mit denen Kinder konfrontiert sind, also auch Erzieher im Kindergarten, Lehrer, Großeltern.

Veranschaulichen wir dies an einem Beispiel: Die Mutter ist zuhause zuständig für den Einkauf, die Wäsche, das Kochen, das Saubermachen. Sie erledigt dies für alle Familienmitglieder, bügelt für ihren Mann die Hemden, räumt die Zimmer auf, putzt hinter den Kindern her und sorgt für Ordnung und Behaglichkeit. Ein veraltetes Familienbild also, das über Generationen in unserer Gesellschaft auch genauso gelebt wurde. Kein Wunder, dass viele Männer auch heute noch ein Problem damit haben, dass die eigene Ehefrau diese Rolle nicht mehr erfüllen will. Der Junge, dem dieses Verhalten vorgelebt wurde, kann auch als Mann nicht verstehen, warum die Frau nun erwartet, dass er einkaufen geht und Wäsche wäscht. Es muss ihm erst bewusst gemacht werden, dass dies kein Verhaltensmuster ist, das zwangsläufig so gelebt werden muss. Wir dürfen uns demnach nicht beklagen, wenn die eigenen Kinder später ein bestimmtes Verhalten an den Tag legen, das wir ihnen durch eigenes Verhalten vorgelebt haben. Sie haben es lediglich adaptiert. Ein Verhaltensmuster prägt sich in uns durch die ständige Wiederholung des jeweils vorgelebten Verhaltens.

„Vater, vergib ihnen, denn sie wissen nicht, was sie tun!" – so heißt es auch in der Bibel bei Lukas 23/34.

Eine andere Möglichkeit besteht in der absoluten Umkehr des Kindes von dem ihm vorgelebten Verhalten. Auch das kennen wir: „Ich will auf gar keinen Fall so mit meinen Kindern umgehen, wie mein Vater mit mir umgegangen ist!" Hier überwiegt die Ablehnung der vorgelebten Verhaltensmuster. So wird aber vielleicht auch ein nützliches und angemessenes Verhalten abgelehnt und negiert, nur um konträr zu dem zu handeln, was uns selbst gezeigt wurde.

Wir möchten an dieser Stelle betonen, dass es nicht darum geht, zu verurteilen! Jeder hat eine bestimmte „Erziehung" genossen, manches davon war hilfreich, anderes vielleicht nicht. Wichtig ist zu erkennen, dass nur die Pflanze wachsen kann, deren Samen ausgesät wurde. Wir müssen uns also dessen bewusst werden, was in uns angelegt wurde. Unser Bewusstsein ist stets der Schlüssel zu Erkenntnis und Veränderung. Das ist bei unseren Verhaltensmustern genauso wie bei den Glaubensmustern, die wir übernommen haben.

 Tipp: Erstelle eine Liste von Verhaltensweisen, die du aus deinem Elternhaus übernommen hast. Entspricht dieses Verhalten wirklich dem, was du innerlich als wertvoll und angemessen erachtest? Überdenke es und mache dir Notizen dazu.

Der Attraktor

Beschäftigen wir uns bewusst mit unseren Verhaltensmustern, können wir hier auch erkennen, dass wir in bestimmten Situationen immer gleich reagieren, wie eine Maschine, bei der ein bestimmter Knopf gedrückt wird. Wir sind konditioniert, auf bestimmtes Verhalten nach unserem Muster zu reagieren. Oftmals wissen wir sogar genau, welches Verhalten durch die Handlung unseres Gegenübers bei uns hervorgerufen wird, ändern es aber nicht, denn wir geben ja so gern dem anderen die Schuld daran – er drückt einen Knopf bei uns. Immer und immer wieder.

Banale Dinge wie eine offene Zahnpasta-Tube werden so zu einer Belastung. Denn das eigene Empfinden von Ordentlichkeit wird hier gestört. Der Knopf der Empörung wird vom Partner immer wieder durch die offen liegen gelassene Zahnpasta-Tube gedrückt, vielleicht sogar in voller Absicht, um diese Reaktion hervorzurufen. Die Tube ist der Attraktor, um genau die Emotion hervorzurufen, Schuldzuweisungen inklusive.

Das Schwierige hierbei ist: Wir beschränken uns dadurch selbst. Wir verbauen uns die Möglichkeit, die Perspektive zu wechseln und einen Blickwinkel zu bekommen, der für uns vorteilhafter wäre. Stattdessen haben wir einen Tunnelblick und sind nicht offen für eine Lösung. Machen wir uns das bewusst, so können wir entgegensteuern.

Tipp: Wenn du selbst genau weißt, warum ein Verhalten dich so sehr stört, dann kannst du deine Reaktion besser hinterfragen – dies ist Teil des Bewusstseinstrainings. Also hole in dieser Situation erst einmal kurz Luft, halte inne und überdenke dein eigenes Verhalten auf den Auslöser. Wenn der Knopf vom Gegenüber absichtlich gedrückt wird, frage ihn oder sie ganz konkret, warum er oder sie diese Provokation hervorrufen möchte – vielleicht gibt es auch beim Gegenüber einen Attraktor, der einmal ins Visier genommen werden möchte. Oder es steckt gar keine böse Absicht dahinter, und durch eine offene Kommunikation kann das Störfeld bereinigt werden.

Glaubensmuster

Durch Glaubensmuster, die wir während unserer gesellschaftlichen Sozialisation bereits als Kinder verinnerlichen, verlieren wir zunehmend die bewusste Wahrnehmung unserer inneren Stimme – unseren direkten Draht zu dem Sprachrohr unserer Seele, und somit auch zu den uns stets zur Verfügung stehenden Informationen über unseren optimalen Lebensweg.

Schon hier verlieren wir also die Fähigkeit, unser volles Potenzial auszuschöpfen.

Denn Kinder sammeln von Anbeginn ihres Lebens, auch schon im Mutterleib, Informationen. Das geschieht von ihrer Seite zunächst völlig wertfrei. Ihre Bezugspersonen sind die Vorbilder, die Aussagen von ihnen werden als gegeben festgehalten. So sammeln Kinder ihre Glaubensmuster. Wenn Eltern einem Kind also bestimmte Glaubensmuster mitgeben, dann verfestigen sie sich beim Kind. Sie übernehmen diese Muster für den Rest ihres Lebens, sind sozusagen daran angekettet.

So kann folgende Aussage des Vaters nach einer schlechten Schularbeit: „Du kapierst es einfach nicht, aus dir wird nie was" dazu führen, dass das Kind auch als Erwachsener immer wieder darüber stolpern wird, dass es glaubt, einfach zu dumm zu sein, um erfolgreich zu sein. So wird sich niemals Erfolg einstellen, denn dieser Mensch glaubt selbst nicht an sich. Er hat ein falsches Glaubensmuster entwickelt.

Darum stellt die dazu gehörende EFIELDS-Figur das Glaubensmuster auch als Raupe dar, die an die Aussagen des Erziehenden/Vorbildes/der Bezugsperson (hier nur exemplarisch vom Vater symbolisiert) angekettet ist.

Tipp: Glaubensmustern können wir mit Achtsamkeit begegnen. Das Gedankentagebuch hilft uns dabei. Kennst du bereits einen Glaubenssatz, der dich in deinem Leben begleitet, so nimm ihn nicht als Fakt hin. Mache dir bewusst, dass beispielsweise nicht jeder denkt, dass „Geld stinkt", denn Geld zu haben, kann beispielsweise auch Gutes für andere bewirken.

Ziel sollte also sein, die Ketten der Glaubensmuster zu sprengen, die Frequenzen, die sich ins Unterbewusstsein eingebrannt haben, zu löschen.

Das entfesselte Glaubensmuster

Die Lösung der falschen Glaubensmuster führt zu einer Entpuppung der Raupe. Erst dann kann ein wunderschöner Schmetterling entstehen: das entfesselte Glaubensmuster.

Wir können uns aus dem Kokon des Glaubensmusters befreien. Schauen wir von außen auf das Muster, können wir ihm als reflektierende Erwachsene etwas entgegensetzen. Wir können die alten Glaubensmuster also neutralisieren. Hierbei ist jedoch große Sorgfalt geboten. Es ist nicht zu erwarten, dass wir sofort alle Glaubensmuster erkennen und dass die Erkenntnis allein ausreichen wird, sie bereits zu eliminieren. Wer das einmal versucht hat, kann bestätigen, dass solche Glaubensmuster relativ hartnäckig in uns verankert sind. Dennoch ist das Erspüren schon ein wesentlicher Teil der Transformation und hilft uns bei unserer Bewusstseinsarbeit. Denn dieser Widerstand, den wir innerlich spüren, der Widerwille, gegen die Muster anzugehen, all das zeigt: Aha, hier sind wir an der richtigen Stelle, hier wird es interessant. Danach gilt es, einen neuen Glaubenssatz zu etablieren – so befreien wir uns von alten Mustern.

Wir müssen dabei immer den Prozess im Blick haben: Er gleicht einer Treppe. Und wir sollten jede Stufe einzeln nehmen – auf jeder Stufe können wir uns mit einem anderen Glaubensmuster auseinandersetzen, das wir auf der vorherigen Stufe vielleicht noch gar nicht erkennen konnten. Hilfreich ist auch der Gedanke an das Zwiebelprinzip, denn die nächste Schicht können wir erst erkennen und bearbeiten, wenn wir die darüberliegende Schicht abgezogen haben.

Dies ist der Hauptbestandteil der Bewusstseinsarbeit überhaupt, denn nach dem Erspüren der falschen Glaubensmuster müssen wir ihnen einen neuen Glaubenssatz entgegensetzen, wie du im Kapitel zu der „Entwicklung von neuen und positiven Glaubenssätzen" sehen wirst.

Die Emotion

Wir sind emotionale Wesen, weswegen unser Tun auch immer einen emotionalen Aspekt hat. Positive Emotionen stärken uns, negative Emotionen beschädigen uns. In jedem Fall werden wir von Emotionen beeinflusst. Emotionen sind ein mächtiges, in uns angelegtes Bewertungssystem, das uns Situationen einschätzen lässt. Es kann uns beflügeln, aber auch lähmen, denn Emotionen koppeln psychische und physische Prozesse.

Wenn wir zum Beispiel verliebt sind und wir sehen den Menschen, den wir (glauben zu) lieben, so breitet sich ein warmes Gefühl in uns aus, das Herz fängt an, schneller zu schlagen, wir fühlen uns glücklich. In einer anderen Situation, wenn wir beispielsweise eine Prüfung ablegen müssen, fängt auch unser Herz an, schneller zu schlagen, wir bekommen vielleicht feuchte Hände, unsere Augen weiten sich, wir fühlen uns angespannt. In beiden Fällen wird auch ein Außenstehender ablesen können, dass wir emotional reagieren.

Wir sehen: Emotion ist nicht gleichzusetzen mit dem Begriff des Gefühls, denn sie ist nicht zu kontrollieren und lässt sich schwerlich unterdrücken. Als innere Empfindung wird sie automatisch ausgespielt, und zwar in genau der Form, die wir für bestimmte Situationen erlernt haben. So lässt der Anblick einer Schlange bei den meisten Menschen erst einmal die Herzfrequenz steigen, sodass die Blutzufuhr zum Gehirn verstärkt wird, denn wir haben gelernt, dass eine Schlange Gefahr für uns bedeuten kann.

Verfestigt sich also ein Glaubens- oder Verhaltensmuster, verbunden mit einer bestimmten Emotion, zum Beispiel: „Kind, wer sich so benimmt, der hat es nicht verdient, geliebt zu werden", dann wird es schwer, diese Programmierung umzukehren.

Genauso hilft eine positive Emotion uns aber auch, Dinge besser zu verinnerlichen. Vielleicht erinnerst du dich noch an einen Lehrer, der den Unterrichtsstoff einfach spielerisch leicht und emotional vermitteln konnte – mit Sicherheit hat dir der Unterricht so viel mehr Spaß gemacht und das Lernen fiel dir bei ihm leichter.

 Tipp: Mach dir mal einen ganzen Tag lang ganz bewusst, welche Emotionen du durchläufst und in welcher Situation welche Gefühle in dir hochkommen. Reagierst du ärgerlich, wenn es morgens nicht schnell genug geht im Verkehr? Musst du lächeln bei einem Werbeplakat? (Werbung zielt im Übrigen explizit auf unsere Emotionen) Mach dir Notizen hierzu und hinterfrage einmal, warum welche Emotion bei dir auftaucht.

Bei der entsprechenden EFIELDS-Figur auf der nächsten Seite fliegen die Emotionen als Bällchen in unser Energiefeld. Dabei stehen sie beispielhaft für Freude (grün), Liebe (hellgrün), Gram (blau), Schrecken (gelb) und – besonders wichtig in unserem Zusammenhang – ein Trauma (rot).

Das heißt, manche Emotionen sind so stark, dass sie ein Trauma darstellen. Ein Trauma ist eine starke seelische Erschütterung. Deswegen kann ein traumatisches Erlebnis auch bei einem Erwachsenen noch zu einer starken Beeinflussung des Unterbewusstseins führen.

Wir haben bereits festgestellt, dass die Programmierung unseres Unterbewusstseins bis etwa zum siebten Lebensjahr abgeschlossen ist. Ein schlimmes Erlebnis, wie ein Unfall oder ein Missbrauch (egal ob physischer oder psychischer Natur) stellt jedoch ein Trauma dar und kann so unser Unterbewusstsein auch später noch nachhaltig mit Programmierungen versorgen. Oft blendet die Seele das traumatische Erlebnis aus, damit der Mensch überhaupt weiter funktionieren kann. Traumata sind nur sehr schwer zu lösen und bedürfen in der Regel einer ärztlichen Behandlung.

Wir können also von einer Hierarchie der Verankerung von Programmierungen in unserem Unterbewusstsein sprechen, die – gemessen an ihrer Intensität – unterschiedlich viel Aufmerksamkeit benötigen:

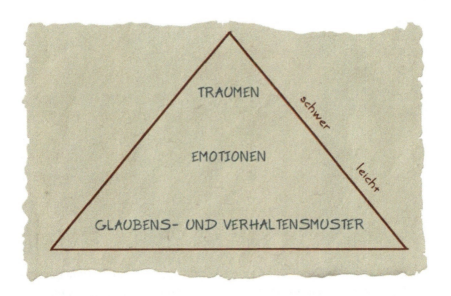

Diese Programmierungen führen zur Abweichung von unserem von unserem ursprünglichen Lebensweg, Abweichung wiederum führt zu Unbehagen, Unbehagen führt zu negativen Gedanken. Und die drehen sich
im Kreis, laufen immer wieder in unserem Kopf umher und bestimmen
unser Sein, ohne dass wir uns dessen wirklich bewusst werden.

Die Verurteilung

Wenn der negative Gedanke befördert und genährt wird, dann sind wir
geneigt, dieses unglückliche Gefühl, das sich in uns breitmacht, auch auf
andere zu projizieren. Das stellt eine vermeintliche Entlastung für uns
dar – der negative Gedanke wird jedoch zu einer Verurteilung.

Wie ein Richter zeigt dieses „Urteil" auf alle anderen, die vermeintlich
Schuld an unserem Dilemma haben. Jedoch müssen wir uns stets darüber klar sein: Wer mit dem ausgestreckten Zeigefinger auf andere
zeigt, bei dem zeigen drei andere Finger auf sich selbst.

Wir können keine Schuld aussprechen, wenn wir nicht Schuld in uns tragen. Ein in sich ruhender Mensch ist weit davon entfernt, jemand anderen zu verurteilen.

Auch der verurteilende Richter sucht im Außen nach Ursachen für seine Desorientierung im Labyrinth des Lebens. Er drückt letztendlich durch seinen Fingerzeig kaum mehr als seine eigene Hilflosigkeit, seine Ängste oder vermisste Anerkennung aus. „Schau mal der, wie ein aufgeblasener Gockel läuft er daher!" oder „Die schon wieder mit ihrer extrovertierten Art, zieht alle Blicke auf sich!"

Was sagen diese Verurteilungen über denjenigen, der sie äußert?

 Tipp: Geh doch mal einen Tag lang als „Richter" durch die Welt und gib dich ganz der Verurteilung hin. Wie, meinst du, wirst du dich am Abend fühlen? Am nächsten Tag versuchst du, Verurteilungen ganz zu unterlassen, indem du dir jede Begegnung bewusst machst und wenn

deln Unterbewusstsein dir einen Gedanken „souffliert", so reflektierst du ihn und drehst die Verurteilung in einen guten Wunsch für das Gegenüber um. Beispiel: „Oh, was ist die Frau dick" ersetzen durch „Ich wünsche ihr ein besseres Körperbewusstsein". Du kannst ganze Züge voller Menschen mit solchen Gedanken beschenken. Prüfe dann erneut, wie du dich am Abend fühlst.

Eine Verurteilung anderer bewirkt am Ende immer, dass wir uns noch schlechter fühlen, wir berauben uns unserer Energie, bestätigen unsere negativen Gedanken und nähren sie. Lassen wir hingegen das Urteil los, so befreien wir uns auch selbst ein wenig von der eigenen Schuld.

Natürlich gibt es auch das andere Extrem: Diejenigen, die nicht auf andere zeigen, sondern die Schuld der ganzen Welt auf eigenen Schultern tragen wollen. Hier zeigt sich ein beschädigtes Selbstwertgefühl, das meist durch ein Trauma zu einer übermächtigen Emotion geworden ist.

Der Arschengel

Der Arschengel ist eine Nebenfigur der Verurteilung. Er ist für uns dann ein Thema, wenn wir wiederholt die gleiche Erfahrung mit unterschiedlichen Personen in derselben Rolle machen. Wir wundern uns darüber, warum uns immer wieder das Gleiche geschieht und wir scheinbar immer die gleiche Art von Person anziehen oder uns diese vorgesetzt wird.

Wenn wir zum Beispiel Probleme mit dem Chef haben, vielleicht sogar schon seinetwegen den Job gewechselt haben, und uns dann wieder einem Chef gegenüber finden, mit dem sich die gleichen Probleme auftun. Hier müssen wir uns fragen: Was löst diese Person in uns aus, sodass wir sie zum „Arsch der Nation" machen? Wir dürfen darauf vertrauen, dass gerade der Arschengel uns zeigt, wo sich in uns blockierende Emotionen befinden. Der Begriff stammt von dem Psychologen Robert Betz, der durch dieses Oxymoron zum Ausdruck bringt, dass wir, haben wir es mit einer solchen Person zu tun, vom Kopf her sagen: „Was

für ein Arsch!" Tatsächlich ist dieser Mensch jedoch ein Engel, und wir brauchen ihn, um in uns selbst die Hinweise zu finden, die uns im Unfrieden sein lassen. Es ist etwas an unserem Gegenüber, dass uns aus dem Gleichgewicht bringt, in uns Angst, Neid, Eifersucht oder eine andere Emotion auslöst. Wir projizieren unsere eigenen Themen auf unser Gegenüber. Deswegen sollten wir nicht denjenigen verurteilen, der uns dies deutlich macht, sondern ihn vielmehr willkommen heißen, denn wir können hier etwas über uns selbst erfahren und lernen.

Klingt gut in der Theorie, ist aber harte Arbeit in der Praxis.

 Tipp: Wenn dir ein Arschengel begegnet, hinterfrage: Was genau stört mich an dieser Person? Warum bringt er oder sie mich so aus der Ruhe? Was an ihm oder ihr löst bei mir dieses schlechte Gefühl aus? Welche Verhaltens- oder Glaubensmuster veranlassen mich, zu verurteilen, was der Arschengel sagt oder tut?

Das Ego

Ein weiterer Freund des negativen Gedankens, wenn nicht sogar dessen bester Freund, ist das durch das Außen geprägte Ego.

Das Ego an sich ist nicht zwangsläufig negativ – ein gesundes Selbstbewusstsein ist durchaus wünschenswert. Wir konzentrieren uns hier jedoch auf jene Aspekte des Selbstbildes, die uns schaden. Wir leben in einem System, das Symbole wie Geld oder Macht nutzt, um vermeintliches Selbstwertgefühl zu erzeugen: Wer viel hat, ist viel wert! Wer sich jedoch nur noch durch das Außen definiert und den inneren Halt verliert, nährt das oberflächliche, letztendlich negative Ego – daher erhält die Ego-Figur bei EFIELDS eine rote Jacke, denn die Farbe Rot signalisiert uns: Vorsicht!

Das gesunde Ego können wir entsprechend auch als grünes Ego bezeichnen. Mit dem roten, aufgeplusterten Ego versuchen wir, aus den eigenen Schwächen Stärken zu machen. Ich bin wer, weil ich im Außen Dinge als mir zugehörig definieren kann: Mein Haus, mein Auto, meine Frau, mein Freund. Letztendlich spielt hier, wie auch bei der Verurteilung, Angst eine entscheidende Rolle. Angst, der Gesellschaft nicht zu genügen; Angst, der Vorstellung von anderen nicht gerecht zu werden. So agieren wir abgespalten von unserem ganzen Wesen als Einheit, die uns als Mensch ausmacht. Ein solches Ego hat sich weit vom eigentlichen Ich entfernt. Auch wenn wir zugeben müssen, dass das rote Ego das Spiel dieser Konsum-Gesellschaft, in der wir leben, perfekt spielt.

Je größer die Leere im Inneren, desto größer muss das rote Ego werden, denn es besteht nur aus der Definition durch das Außen. Alles ist erlaubt, so lange die Fassade aufrechterhalten werden kann. Der Kontakt zum übergeordneten Sinn geht verloren. Es gibt keine ethische Sichtweise mehr. Selbstverständlich hat auch derjenige, der in sich ruht, ein Ego. Das speist sich jedoch nicht aus der Bestätigung durch das Außen, sondern lebt aus der Sicherheit der eigenen Überzeugungen und im Einklang mit der Natur und den Menschen – dieses Selbstwertgefühl ist unangreifbar und extrem wertvoll.

 Tipp: Beobachte einmal die Menschen in deiner Umgebung – wer trägt alles eine Fassade der vermeintlich wichtigen Erfolgsmerkmale mit sich herum? Schauen wir hinter diese Fassade, erkennen wir oft Leere. Frage einen solchen Menschen einmal nach der Freude in seinem Leben? Werden hierbei nur käufliche Dinge genannt? Oder Gelegenheiten, bei denen man sich präsentieren kann? Lass dich nicht blenden von der „Spaß-Gesellschaft" mit dem Zahnpasta-Lächeln und der immer guten Laune. Benutze deine Intuition und du erkennst, wer „real" ist und wer nur aus Fassade besteht.

Der Schatten

Kennst du deine Schattenseiten? Der Schatten bildet sich während des Aufbaus unserer Persönlichkeit. Doch was ist Persönlichkeit? Das Kind, das noch mit dem Seelenplan verbunden ist, also mit der ureigenen Wahrheit für richtig oder falsch, trifft durch Beobachten und Sprache auf die Konditionierungen seines Umfeldes. Der evolutionäre Lebenswille nimmt diese Konditionierungen als wahr hin, denn ein kognitives Ich-Bewusstsein entwickelt sich erst ab einem Alter von etwa vier Jahren. Die Möglichkeit der Reflexion ist also zunächst noch nicht gegeben.

Reflexion bedeutet die Unterbrechung eines Gedankens, um etwas näher zu hinterfragen, zu klären oder den eigenen Denkprozess zu überprüfen. Hier fällt auf, dass das sogar manchem Erwachsenen schwerfällt. Wir erinnern daran, dass unsere Konditionierung in einer Zeit geschieht, in der sich das Gehirn noch im Superlearning-Modus befindet. Es liegt ein hohes Risiko darin, schon früh im Leben unseren Seelenplan zu verlassen, denn wir sind im Sinne unseres Gesellschaftssystems nur dann gut erzogen, wenn wir erfolgreich integriert, zu 100 Prozent funktionstüchtig sind und das darstellen, was als erfolgreich angesehen wird. Schon hier wird in der Regel nicht darauf geachtet, über welche Talente ein Kind verfügt, sondern nur auf das, was im Außen Erfolg verspricht.

Kommen wir zurück zur Persönlichkeit: Das Kind baut sich Leitplanken auf dem Pfad seiner Entwicklung durch das, was es als wahr definiert. Diese angenommene Wahrheit verschafft Sicherheit. So bauen wir uns unsere Straße in der Persönlichkeitsentwicklung, bis wir dort angekommen sind, wo uns die gesellschaftlichen Konditionierungen hinbringen wollten – in der Abweichung von unserem ursprünglichen Lebensplan.

Der Schatten zeigt demnach all das auf, was wir gemäß unserem Seelenplan nicht gelebt haben.

Diese Abweichung zu der bestmöglichen Version von uns können wir nicht leugnen. Die Abweichung arbeitet unbewusst ständig in uns – sie macht uns unruhig und verleitet uns zu einem Verhalten, das nicht zu uns gehört. Dieses Verhalten wird genährt durch negative Gedanken und Verurteilungen, oft sogar Projektionen (ich schreibe anderen Menschen in mir selbst wohnende, ungeliebte Eigenschaften zu, um mich von diesen distanzieren zu können. Oder ein anderes Beispiel: „Ich arbeite mehr als alle anderen" – eine solche Aussage beinhaltet den tiefen Wunsch: Ich möchte nicht so viel arbeiten, gestatte es mir aber nicht). Somit setzt sich die Kette der Konditionierungen weiter fort, denn wir werden mitgeprägt von den Schatten derer, die uns erziehen.

Während eines stetigen, unbewussten und unreflektierten Handelns wird unser Schatten immer größer. Er baut sich auf als klebrige, gummiartige Masse, die an uns hängt – sie lässt sich nicht abschütteln. Je größer die Abweichung zu unserem Seelenplan durch die vermeintliche Befriedigung des Egos wird, desto mehr bauen sich der Schatten und die von ihm ausgehende Spannung in uns auf.

Zunächst nehmen wir noch gar keine Konsequenzen wahr, denn unser Verhalten hat keine unmittelbare Auswirkung. Doch der Schatten wird uns irgendwann ins Kreuz schlagen – das äußert sich dann vielleicht durch eine Krankheit, durch Angstzustände oder den Verlust von dem, was unserem Ego als wesentlich erscheint, wie etwa ein großes Vermögen oder verschiedene Status-Symbole.

Der Schatten ist das sichtbare Bild des Arbeitens gegen unseren Seelenplan. Wir haben hier auch schon von der Abweichung gesprochen, die uns wegführt von unserem Potenzial. Die Entfaltung des eigenen Potenzials ist jedoch nur möglich, wenn wir die Verantwortung für uns selbst, unser Denken und Handeln, übernehmen. Der Schatten ist, im Gegensatz zum Gesetz von Ursache und Wirkung, sehr lebensnah – er wirkt kontinuierlich auf uns und behindert uns. Wir müssen uns also unserem Schatten zuwenden, um zu erkennen, was wir getan haben und dann die dort angestauten Themen lösen. Erst dann können wir wirklich, ohne Belastung – ohne zähe Masse, die uns zurückhält – einen neuen Weg einschlagen, der uns zum Erfolg führt.

Sich mit dem eigenen Schatten zu beschäftigen, heißt nicht, ihn auszulöschen. Wir alle haben nicht nur lichte, helle Seiten, sondern eben auch Schatten. Jedoch verliert er seine klebrige Konsistenz und seinen Schrecken, wenn wir uns ihm öffnen und unsere weniger schönen Seiten als zu uns gehörig akzeptieren. Dann nehmen wir unsere eigene Polarität an. Tun wir das, können wir die Balance sacht verschieben, ohne das Gleichgewicht zu verlieren.

Konzentrieren wir uns dagegen nur auf das, was uns licht und wertvoll erscheint, schließen wir einen Teil von uns aus – und fühlen uns niemals vollständig.

 Tipp: Frag dich einmal, ob du aufgrund deiner Konditionierung bestimmte Wege/Richtungen nicht einschlägst, obwohl deine innere Stimme dir anderes rät. Oder ob deine Erziehung dir etwas verbietet, bei dem du jedoch zutiefst spürst, dass du dich danach sehnst und es dir und deinem Lebensweg guttun würde.

Hierzu noch der Hinweis auf das Buch „Das Schattenprinzip" von Rüdiger Dahlke (siehe unsere Buchempfehlungen am Ende des Buches).

Die Balance

Wir können unser Leben nur stemmen, wenn wir in der inneren Balance sind. Die Figur zeigt es: Der Gewichtheber könnte das Gewicht nicht halten, wenn er es nicht austariert. Vernachlässigen wir einen wesentlichen Teil unseres Lebens, werden wir den Halt unter den Füßen verlieren und fallen.

Das heißt: Wenn beispielsweise der Job sehr viel Zeit in Anspruch nimmt, ist ein Ausgleich durch eine schöne Freizeitaktivität besonders wichtig. Es geht hierbei nicht um Quantität, jedoch sollte das Handy am Wochenende auch mal ausgeschaltet bleiben, der Familie die volle Aufmerksamkeit geschenkt werden. Kostbare Momente müssen nicht auf viele Stunden ausgedehnt werden – sind sie wertvoll, so füllen sie die

Energiereserven auch in kurzer Zeit. Sind wir jedoch nur mit halbem Herzen dabei, so nutzt die Zeit nichts, denn die Achtsamkeit für den Moment ist nicht da.

> **Tipp:** *Gönne dir bei der Arbeit einmal eine Woche lang bewusst alle zwei Stunden eine Pause von zehn Minuten. Geh an die frische Luft oder schicke eine liebe Nachricht an Familie oder Freunde. Stelle dir einen Wecker, damit du die Zeit einhältst, ganz bewusst. Lege auch eine Zeit fest, wo du das Handy ausschaltest. Du wirst feststellen, dass dein Arbeiten sogar effektiver wird, wenn du deinem Kopf einmal eine Pause einräumst.*

Auch beim Thema Gesundheit gilt es, die Balance zu halten. Schauen wir uns um, so sehen wir viele Menschen, bei denen es keine Balance gibt: Die Ernährung wird vernachlässigt, die Bewegung kommt zu kurz – immer gibt es eine Ausrede, meist ist es die Zeit, die wir vermeintlich nicht haben. Doch das Unwohlsein bleibt. So schüren wir wieder die Verurteilung, denn der Chef ist schuld, dass wir keine Freizeit haben, der Ehepartner, dass wir nicht abnehmen, weil er zu fettig kocht. Wir finden Entschuldigungen und wissen doch, dass wir uns ständig selbst belügen.

Die Lüge

O weh der Lüge! Sie befreit nicht
Wie jedes andre, wahrgesprochne Wort
Die Brust. Sie macht uns nicht getrost. Sie ängstet
den, der sie heimlich schmiedet, und sie kehrt,
ein losgedruckter Pfeil, von einem Gotte
gewendet und versagend, sich zurück
und trifft den Schützen.

Iphigenie IV, 1. Johann Wolfgang von Goethe (†1832)

Wir alle kennen das unangenehme Gefühl, wenn wir uns, vielleicht einfach aus einer Not heraus, oder weil wir niemanden verletzen wollen, einer Lüge bedienen. Genauso schmerzhaft ist es, wenn wir merken, dass wir belogen wurden.

In der Beobachtung stellen wir fest, dass wir uns mit der Lüge selbst beschädigen. Denn die Lüge verschafft nur vordergründig Vorteile oder vereinfacht eine Situation – im Grunde fügt sie uns großen Schaden zu, gerade, wenn wir auf einer Lüge aufbauend, ein ganzes Konstrukt an Unwahrheiten kreieren. Bedienen wir uns der Lüge, beeinflusst das unser Energiesystem, das eigene Wohlfühlen. Vielleicht können wir das eine Zeit lang unterdrücken, es wird sich jedoch manifestieren. Am Ende macht uns das Lügen mit Sicherheit sogar krank. Sensible Menschen spüren intuitiv, wenn sie belogen werden – ein ungutes Gefühl macht sich bei ihnen sofort breit.

Worum geht es wirklich bei der Verwendung einer Lüge? Letztendlich ist sie das Mittel, sich einer Situation nicht offen stellen zu müssen, sie zeigt unsere eigene Feigheit. Oder wir wollen unsere Außenwelt beeindrucken, was bei einem roten EGO besonders oft der Fall ist. Aber: Eine Lüge ist wie ein Boomerang, der stets zu uns zurückkommt. Langfristig macht es also überhaupt keinen Sinn, unser Gegenüber zu belügen, da Lügen ja bekanntlich „kurze Beine" haben und deswegen auf lange Sicht meist die Wahrheit ans Licht kommt. So beschädigen wir unsere Beziehung zu anderen. Wollen wir mit der Lüge eigene Unzulänglichkeiten oder Fehler vertuschen, so ist es der bessere Weg, diese von vornherein einzugestehen – wir sind dann oft überrascht, wie positiv das aufgenommen wird, denn jeder kennt selbst das Gefühl der Erfahrung der eigenen Grenzen. So empfinden wir es sogar eher als sympathisch und menschlich, wenn unser Gegenüber eine Lüge eingesteht.

 Tipp: Überdenke beim nächsten Mal, wenn du aus Bequemlichkeit eine Lüge äußern möchtest, ob das tatsächlich notwendig ist. Lässt sich die Wahrheit nicht angenehm „verpacken"? Es ist meist durchaus möglich, diplomatisch zu sein, ohne sich einer Lüge zu bedienen.

Kennen wir nicht auch alle das befreiende Gefühl, wenn wir uns dazu durchgerungen haben, die Wahrheit zu sagen? Gerade Kinder, die noch einen guten Kontakt zu ihrer Seele haben, tun sich mit dem Lügen oft sehr schwer. Greifen sie dennoch einmal zu diesem Mittel, beichten sie es meist von selbst. Dann fließen Tränen der Erleichterung, denn Körper, Geist und Seele sind wieder im Einklang.

Wir sollten insbesondere nicht die Lüge vergessen, die wir uns selbst gegenüber aufrechterhalten, weil wir uns nicht mit unserer Lebenssituation auseinandersetzen möchten. Diese gelebte Lüge blockiert uns massiv und wir wissen gar nicht, warum wir uns so unwohl fühlen. Sei es der Job, bei dem wir bleiben und uns belügen, dass die Freude an der Arbeit sich schon wieder einstellen wird, oder die Partnerschaft, an der wir festhalten und uns mit Hilfe von Lügen vormachen, dass wir den anderen doch noch lieben.

Wo will ich hin?

Du hast nun bereits einen großen Teil der Figuren aus der EFIELDS-Methode kennengelernt. Bei manchen Figuren hat es bei dir vielleicht „Klick" gemacht, bei anderen hast du dich nicht angesprochen gefühlt. Dies ist ganz normal, denn du bist ja einzigartig in deinem Sein. Einige grundlegende Figuren, wie das Verhaltens- und das Glaubensmuster, spielen bei allen von uns eine Rolle. Das zeigt unsere Erfahrung aus vielen Trainings und Gesprächen. Andere Figuren können bei einem Menschen von Bedeutung sein, bei einem anderen jedoch absolut vernachlässigt werden.

Was sagt dir deine Intuition? Was spielt in deinem Leben im Moment eine wichtige Rolle? Wo entsteht bei dir ein innerer Widerstand, wo schmerzt es? Genau dort, wo du ein Unwohlsein erlebst, genau dort musst du hinsehen. Nur so kannst du am Ende dein wirkliches Potenzial erkennen und nutzen. Hierfür solltest du dir die Frage stellen: Was sind meine wahren Ziele? Was möchte ich persönlich erreichen? Brenne ich für das, was ich in meinem Leben tue? Bin ich „mit ganzem Herzen" dabei?

Potenzialentfaltung

Was bedeutet die Entfaltung des Potenzials für dich? Mache hier nicht den Fehler, Potenzialentfaltung aus der gesellschaftlichen Sicht zu betrachten, denn die ist gefärbt von den Begriffen Erfolg = Geld/Macht/gesellschaftliches Standing. Wir alle haben einen Plan von unserem Leben und dieser ist vollkommen unabhängig vom System der Gesellschaft. Die Frage nach dem eigenen Potenzial ist eng verknüpft mit der Frage nach dem Sinn meines Lebens. Wer bin ich und warum bin ich hier? Welche Talente habe ich? (Tipp: suche im Internet nach "Talente finden Strengthsfinder") Wenn ich das erkenne, dann komme ich in mein Potenzial, denn dann tue ich das, wofür ich brenne, was mir letztendlich meinen persönlichen Erfolg bringt.

Hierbei hilft nur der Blick nach innen. Sehr nützlich ist dabei die Meditation, denn nur in der Ruhe und in der Konzentration auf uns selbst entlocken wir unserem Sein die verborgenen Gedanken und Zusammenhänge, die uns im Hier und Jetzt blockieren. Wir sind immer nur damit beschäftigt, an das zu denken, was war oder das, was sein wird. Sicherlich ist dem einen oder anderen folgende Geschichte geläufig:

Einige Schüler fragten ihren Zen-Meister, warum er so zufrieden und glücklich sei?

Der Zen-Meister antwortete: "Wenn ich stehe, dann stehe ich, wenn ich gehe, dann gehe ich, wenn ich sitze, dann sitze ich, wenn ich esse, dann esse ich, wenn ich liebe, dann liebe ich ..."

"Das tun wir doch auch," antworteten seine Schüler: „Aber was machst du darüber hinaus?" fragten sie.

Der Meister erwiderte: "Wenn ich stehe, dann stehe ich, wenn ich gehe, dann gehe ich, wenn ich ... "

Wieder sagten seine Schüler: "Aber das tun wir doch auch, Meister!"

Er aber sagte zu seinen Schülern: "Nein – wenn ihr sitzt, dann denkt ihr schon an das Aufstehen, wenn ihr steht, dann denkt ihr schon an das Laufen und wenn ihr lauft, dann seid ihr gedanklich schon am Ziel."

Dabei bedeutet Meditation nicht zwangsläufig, sich stundenlang ruhig hinzusetzen und auf Erleuchtung zu warten, wie viele in unserem Umfeld glauben. Schon eine kurze Auszeit von nur zehn bis fünfzehn Minuten täglich ist für Körper, Geist und Seele Balsam in unserer von permanentem Stress erfüllten Welt.

Ohne Meditation geht es nicht

Die EFIELDS-Methode besagt: Wir verändern Perspektiven! Das können wir jedoch nicht von außen. Du selbst musst es wollen – und wie in dem Kinderbuch „Momo" von Michael Ende geht es hier nicht um Geschwindigkeit, sondern ganz im Gegenteil: Wir müssen langsamer werden, bewusst Schritt vor Schritt setzen und, wie Momo in der Niemand-Gasse, sogar den Rückwärtsgang einlegen, um vorwärtszukommen.

So finden wir besseren Zugang zu unserem Unterbewusstsein, denn wenn wir in unserer Ruhe sind, tauchen ganz automatisch Bilder und Gedanken auf, die wir im alltäglichen Leben nicht bewusst wahrnehmen, da wir zu sehr im „Hamsterrad" verhaftet sind. Der Begriff Meditation stammt vom lateinischen *meditari* ab, welches "nachsinnen, nachdenken, sich üben, vorbereiten" heißt. Das wiederum hat seine Wurzel im griechischen μέδομαι/*medomai*, was bedeutet "ich bin auf etwas bedacht, ich ersinne". Es steht also dafür, den Blick nach innen zu wenden, und ist eine Achtsamkeitsübung, um den Geist zu beruhigen und sich zu sammeln: entspannen, wahrnehmen und nicht bewerten, die Dinge einfach sein lassen, wie sie sind!

Wir schenken unserem Geist viel zu wenig direkte Aufmerksamkeit, denn er funktioniert ja bestens, ohne dass wir uns dessen bewusst sind. Wir erinnern nur an die tausend Automatismen, mit denen wir unseren täglichen Tagesablauf bewältigen: aufstehen, waschen, Zähne putzen, anziehen, essen, trinken, Auto fahren. Sicherlich ist es dir dabei auch schon einmal passiert, dass du automatisch in eine Richtung gefahren bist und plötzlich festgestellt hast, dass du gar nicht dort hinwolltest – hier hat ein Automatismus gegriffen, dein Unterbewusstsein hat die Kontrolle übernommen.

Damit so etwas nicht häufiger geschieht, sollten wir unserem Geist auch einmal bewusst Ruhe gönnen und ihm – und damit uns selbst – Aufmerksamkeit schenken.

Hilfestellungen zur Meditation

„Ach, Meditation – dafür muss man Zeit haben, sich stundenlang hinsetzen und Löcher in die Wand starren." Ertappt? Denkst du auch so? Oder hast du schon einmal Meditationstechniken ausprobiert? Viele Menschen haben eine Hemmschwelle, sich dem Thema Mediation anzunähern, weil sie von vorneherein glauben, dass dies eine Kunst sei, die nur wenige Menschen wirklich beherrschen können. Doch letztendlich ist es vielmehr die Hemmschwelle davor, den eigenen Geist zur Ruhe kommen zu lassen, denn was könnte mir da in meinem Inneren begegnen? Gern entspannen Menschen ihren Körper in der Sauna oder im Urlaub am Strand. Einfach mal nichts tun … Doch der Geist darf nicht zur Ruhe kommen: fernsehen, Musik hören, chatten, lesen … und das alles am besten gleichzeitig – so geben wir uns nicht die Möglichkeit, tatsächlich zur Ruhe zu kommen.

Es ist ein Irrglaube, dass Meditation täglich viele Stunden in Anspruch nimmt. Gönn dir doch einfach einmal 15 Minuten am Tag eine geistige Auszeit. Du wirst erstaunt sein, wie viel frischer du dich danach fühlst.

 Tipp: Meditation muss auch nicht im abgedunkelten Raum stattfinden – manch einer meditiert in der Badewanne, andere gehen dazu in den Wald. Was tut dir gut? Horch doch einmal in dich hinein, an welchem Ort du intuitiv Ruhe empfindest und versuche, genau dort, zunächst mit Achtsamkeitsübungen, deinen Geist zu sammeln.

Es gibt verschiedene, sehr wirksame Meditationstechniken, die dich darin unterstützen können, in die Ruhe zu kommen. Darunter durchaus auch Praktiken, die mit Bewegung arbeiten, wie bestimmte Tänze oder Drehungen. Oder du baust erst einmal kleine Meditationseinheiten in deinen Alltag ein, wie das Abstoppen einer Tätigkeit, um dich genau in diesem Moment einfach auf das Jetzt zu konzentrieren. Gesprochene Meditationen, denen du zuhören kannst, können hilfreich sein, um sich den Themen Bewusstsein und Achtsamkeit zu öffnen. Das alles ermöglicht ein geführtes Zur-Ruhe-Kommen. Jedoch ist es bei dieser Art der

Meditation noch nicht möglich, wirklich mit dem Selbst in Kontakt zu treten, da der Geist auch hier noch von außen geleitet wird und damit beschäftigt ist.

Die Meditationen von Deepak Chopra, einem indischen Arzt, der westliches Wissen und östliche Spiritualität in Bezug zueinander setzt, vereinen eine gesprochene Anleitung zu mehr Bewusstsein mit Mantras, die als sich wiederholende Silben zur Befreiung des Geistes führen sollen und in Stille enden. Vollkommen frei wird der Geist bei der Meditation in absoluter innerer Stille und Gedankenlosigkeit. Hierfür braucht es tatsächlich etwas Geduld, denn unsere Gedanken sind hartnäckig und fordern ihren Platz in unserem Geist. Das Loslassen und entspannte Fallenlassen in das Jetzt führen zu einem reinen Bewusstsein. Das alles kann dich mit absolutem Frieden erfüllen. Ein durchaus erstrebenswertes Gefühl, oder nicht?

Man kann die verschiedenen Meditationsmöglichkeiten trichterförmig betrachten. Wir beginnen im Außen – also in unserem Alltagszustand, der geprägt ist vom Unterbewusstsein –, um in der Übung und Steigerung der Intensität zu unserem Kern vorzudringen. Erwarte dabei nicht zu viel von dir, denn das ruft Enttäuschungen hervor. Es gibt kein falsches Meditieren, denn wie bereits gesagt, heißt Meditation lediglich, Achtsamkeit zu entwickeln, sich zu entspannen und wertfrei wahrzunehmen. Wenn du mit dem Joggen beginnst, wirst du auch nicht am ersten Tag 20 Kilometer schaffen, sondern mit einer kurzen Strecke starten. Die läufst du so lange, bis du körperlich spürst, dass du nun für eine längere Strecke bereit bist. Und wenn dir eher die kurze Distanz genügt, so ist das vollkommen ausreichend, denn Hauptsache ist ja, dass du überhaupt läufst und dir und deinem Körper damit Gutes tust.

Es gibt übrigens viele Läufer, die sagen, dass man beim Laufen irgendwann ebenfalls in einen meditativen Zustand fällt und quasi wie von allein und ohne Gedanken läuft.

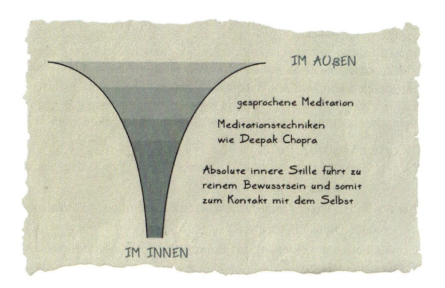

Nur in der absoluten Ruhe und im Kontakt zu unserem Selbst gelingt es uns, unsere in uns angelegten Glaubens- und Verhaltensmuster aufzudecken, uns von dem Unterbewusstsein, das uns im Alltag leitet, zu lösen. Es geht also darum, zu hinterfragen, wie unsere Festplatte programmiert ist. Auf der Zeitreise zurück in die Kindheit kommen wir dabei zu Begebenheiten oder uns gegenüber geäußerten Sätzen, die uns geprägt haben. Schon EIN EINZIGER Satz kann sich auf unserer Festplatte abspeichern, uns ein Leben lang begleiten und in der Selbstwahrnehmung und der Wahrnehmung von anderen fehlleiten.

In einigen Fällen sind manche solcher Bausteine sogar vererbte Strukturen, die von einem Elternteil übernommen werden.

In anderen Fällen deckt ein solcher Baustein auch nur die Wirkung einer Ursache auf, die dahinter liegt und die es erst mit weiterer Gedankenarbeit freizulegen gilt, da wir vordergründig keinen bewussten Zugriff auf die Ursache von bestimmten Verhaltensmustern haben.

Entwicklung neuer, positiver Glaubenssätze

Betrachten wir nun unsere Treppe erneut, mit dem Ziel unseren Seelenplan zu erfüllen – denn nur so können wir in der Fülle und im Erfolg leben. Nach allem, was wir mittlerweile erkannt haben, steht fest: Wir müssen schrittweise vorgehen, da wir zum jetzigen Zeitpunkt noch gar nicht erfassen können, wie unser Ziel überhaupt aussehen kann.

Die ersten Schritte

1. Das Gedankentagebuch wird mindestens für eine, besser für zwei Wochen geführt. Erledigt?
2. Wir haben unser Ampelsystem erstellt. Stimmt das so? Wollen wir es noch einmal überprüfen?
3. Wir haben angefangen, uns Ruhezonen durch Meditation zu verschaffen, um besseren Kontakt zu unserem Selbst zu bekommen. Dieser Dialog mit sich selbst sollte wie das tägliche Essen zu einem festen Bestandteil unseres Lebens werden.
4. Wir haben ein falsches Glaubens- oder Verhaltensmuster oder eine Emotion, die uns fehlgeleitet hat, identifiziert.

Nun haben wir eine Idee von dem, was uns daran hindert, die erste Stufe zu erklimmen. Wir wollen jedoch nicht Behinderung, sondern Vorankommen. Daher wandeln wir das, von dem wir wissen, dass es uns blockiert, in einen positiv formulierten Glaubenssatz um!

Da mangelndes Selbstwertgefühl eine Volkskrankheit bei uns zu sein scheint, kann hier als Beispiel der negative Gedanke angeführt werden: „Ich kann das nicht!"

Tipp: Formuliere einen positiven Glaubenssatz aufgrund deiner Beobachtung und Auseinandersetzung mit dir selbst: deine Affirmation. Überfordere dich damit nicht, aber lote die Grenzen aus. Es geht wirklich nur um EINEN Glaubenssatz. Mehr sollte es nicht sein, denn zwei oder mehr Glaubenssätze sind schlichtweg nicht umzusetzen und führen in der Folge zu Frustration, weil sich kein Erfolg einstellt. In Bezug auf den oben genannten negativen Gedanken „Ich kann das nicht!"

wäre das der positive Glaubenssatz: „Ich kann alles!" Schreibe den Satz
für dich auf und lasse ihn auf dich wirken! Wie fühlt er sich an? Hiermit
ist wirklich gemeint: Wie FÜHLT er sich an? Sprich ihn aus, erlebe ihn...
was sagt dir deine Intuition?

Meist muss man ein wenig am Glaubenssatz feilen – manche Menschen werden versuchen, hier zu viele Inhalte auf einmal bearbeiten zu wollen und damit viel von sich verlangen, andere werden es sich gerne leicht machen wollen mit einem Glaubenssatz, der keine Herausforderung darstellt. Grundsätzlich gilt hier aber: Weniger ist mehr! Das eigene Gefühl leitet uns dabei sehr gut. Dort, wo du einen Widerstand fühlst, wo dein Unterbewusstsein sich aufbäumt und versucht, dem etwas entgegenzusetzen, weil du nicht mehr die alten Glaubens- und Verhaltensmuster bedienen und bestätigen willst, da bist du richtig.

Ist der Glaubenssatz gefunden, so wird er implementiert. Das klingt leichter, als es ist. Im EFIELDS-Training wird ein Zeitraum von vier Wochen angesetzt, damit der Glaubenssatz wirken kann. Hierfür sollte er, wenn möglich, zweimal am Tag – am besten morgens und abends – bewusst **gefühlt** werden (wie fühlt es sich an, wenn ich den positiven Glaubenssatz „leben" kann, ihn zutiefst verinnerlicht habe?) Das ist am Anfang schwer, denn die alten Glaubenssätze aus unserem Unterbewusstsein arbeiten dem entgegen. Das Unterbewusstsein sagt uns hier immer wieder: „Ich habe etwas anderes als wahr empfunden". Es gilt also, beharrlich zu bleiben und das Bewusstsein zu gebrauchen. Dabei nehmen wir beim Fühlen die Position des Beobachtenden ein und hinterfragen: Wie empfinden wir das? Bleibt es schwer, wird es leichter? Nach einer gewissen Zeit sollte es sich peu à peu besser anfühlen. Es geht darum, alte Glaubensmuster, falsche Verhaltensmuster und Emotionen, die uns dabei blockieren, unseren Lebensweg zu gehen, zu neutralisieren.

Tipp: Zeige Mut. Probiere doch mal im ganz kleinen Rahmen aus, ob
du nicht doch die von dir selbst gesetzten Zäune niederreißen kannst.
Hier mal am Beispiel eines Glaubensmusters aus dem Berufsleben:
„Ich kann diesen Kollegen echt nicht leiden – er grüßt mich nie." Wie

wäre es, einfach mal über den eigenen Schatten zu springen und mit ein paar Keksen hinüber zu gehen und ihn anzusprechen? Vielleicht hat er deine Ablehnung gespürt und reagiert auf ein Zugehen äußerst positiv – das würde dein Arbeitsumfeld zukünftig auch für dich verbessern, denn du müsstest dich nicht mehr jeden Tag darüber ärgern, dass der Kollege dich nicht grüßt, ihr könntet das Ganze aus der Welt schaffen. Oder in der Wohngemeinschaft mit der griesgrämigen Nachbarin: „Ich kann nicht länger neben diesem Drachen wohnen!" Ein Blumenstrauß und ein paar nette Worte wären ein Versuch, denn vielleicht ist sie einsam und beneidet dich um dein erfülltes Leben. Schenke ihr ein wenig Aufmerksamkeit und Wertschätzung, es tut nicht weh und du musst nicht gleich umziehen.

Wenn du so etwas im Kleinen schaffst, dann bist du auch zu mehr fähig, ganz bestimmt!

Leg dieses Buch nun ruhig einmal zur Seite und lass das Gelesene auf dich wirken. Nimm dir erst einmal den ersten von dir formulierten Glaubenssatz vor und mache dir diesen täglich bewusst. Vielleicht hilft es dir, den Satz auf einen Zettel zu schreiben und an verschiedenen Stellen zuhause aufzuhängen. Aber noch einmal: Es ist ganz wichtig, dass du den Glaubenssatz fühlst, nicht nur liest oder vor deinem inneren Auge vorbeimarschieren lässt!

Du hast nun bereits den ersten Schritt aus der Suppe, die wir Leben nennen, gemacht – herzlichen Glückwunsch!

Ein neues Bewusstsein

Wir haben jetzt einen kleinen Einblick bekommen, was es heißt, einen Perspektivenwechsel zu vollziehen, die köchelnde Suppe, in der wir bis dahin gesessen haben, zu verlassen! Wir wollen nicht mehr gelebt werden, sondern selbst leben! Eine Verschiebung der inneren Wahrnehmung führt zu einem neuen Bewusstsein und mit einem neuen Bewusstsein finden wir zurück zu dem Sinn in unserem Leben. Es ist sehr wichtig, sich selbst die Antwort zu geben: Warum bin ich hier? Wenn ich meinen Seelenplan verwirklichen kann, dann habe ich eine völlig neue Energie und Leichtigkeit in meinem Leben. Dieser Prozess braucht seine Zeit – bitte überfordere dich nicht damit, sofort den gesamten Zusammenhang für dich erkennen zu wollen: Dies ist nicht möglich! Du darfst wirklich immer nur an die nächste Stufe denken.

Jeder Mensch steht vor seiner ganz eigenen Treppe. Jede Stufe ist anders geformt, es gibt kleine Stufentritte und es gibt große Stufen, die fast schon erklommen werden müssen. Es gibt hier keine gleichförmige Treppe, wie wir sie aus unserer materiellen Welt kennen. Für jede Stufe brauchen wir einen neuen Blickwinkel, eine neue Herangehensweise, um weiter zu unserem Selbst vorzudringen. Das ist ein Prozess, der viel Zeit und immer wieder bewusstes Innehalten braucht.

Wie formuliere ich meine Ziele?

Wir haben schon von den Glaubenssätzen (oder Affirmationen) gesprochen, die uns helfen, unser Bewusstsein neu auszurichten und uns von alten Mustern zu lösen. Als Nächstes müssen wir in das Vertrauen kommen, dass wir unsere Ziele – in kleinen Schritten – erreichen. Dabei gilt es, genau auf die eigenen Formulierungen zu achten. Sicher hast du schon einmal davon gehört, dass Leute sagen: Hast du das denn so beim Kosmos bestellt? Es geht darum, Vertrauen in den Zusammenhang - also den Kosmos - zu haben, dass sich dir nichts in den Weg stellen kann außer du selbst.

Ein Beispiel: Wenn du von der Angst geprägt bist, zu verarmen, wirst du wahrscheinlich innerlich fühlen „Ich will NICHT arm werden!" Eine Negierung ist jedoch absolut unverständlich für den Kosmos und letztendlich auch für dich selbst, denn die Frage muss doch lauten: WAS MÖCHTEST DU? Du drehst, kreist gedanklich ständig um die Gefahr des Armwerdens. Das ist die beste Voraussetzung dafür, dass es eines Tages auch eintritt. Wenn du Glück hast, verschlechtert sich deine wirtschaftliche Situation zwar nicht, aber verbessern wird sie sich in keinem Fall. Der neue Glaubenssatz sollte also heißen: „Ich bin in der Fülle". Der Glaubenssatz sollte immer das „Hier und Jetzt" beschreiben.

Etwas anders ist es bei Zielen, die den Körper betreffen. Hier seien die Stichworte „Abnehmen" oder „sportliche Ziele" erwähnt, bei denen wir etwas in der Zukunft erreicht haben wollen. „Ich möchte in Zukunft abnehmen!" – eine ungenaue Aussage, denn deine Überzeugung ist zum einen nicht stark genug erkennbar, zum anderen bleibst du ja recht vage mit der Zukunftsangabe. Wann ist denn die Zukunft da? Der Aspekt der Zukunft verschiebt sich doch mit jedem Tag ein wenig. Triff für dich eine klare Aussage, setze dir einen Fokus darauf und sei überzeugt davon, dass du dein Ziel erreichen wirst, also zum Beispiel:

„Ich bin mir sicher, dass ich im am 31. Oktober diesen Jahres zehn Kilo abgenommen haben werde!"

Wenn du diesen Fokus in deinem System verankerst, wirst du mit großer Wahrscheinlichkeit dein Ziel auch erreichen.

Das Leuchtturm-Prinzip

Wir möchten einmal verdeutlichen, was es bedeutet, in das Bewusstsein zu kommen und wie die Stufen zu einem vollkommen erleuchteten Bewusstsein vielleicht dargestellt werden können. Hierfür benutzen wir das Bild eines Leuchtturms.

Die Bewusstseinsarbeit bringt dich in einen Aufzug, der dich langsam im Leuchtturm nach oben fährt. So lange du im Keller bleibst, bist du dir nicht bewusst darüber, dass es über dir einen Leuchtturm mit hellem Licht gibt, du tappst sozusagen im Dunkeln. Je höher du im Aufzug fährst, desto bewusster wird dir, wie die Welt wirklich aussieht und was du in ihr tust oder tun könntest. Du erhältst in jeder Etage einen weiteren Aspekt auf die Welt. Die Perspektive wird immer breiter. Ist dein Blick auf den unteren Plattformen noch recht eingeschränkt, so weitet sich die Perspektive mit jeder Bewusstseinsstufe. So entwickelst du neue Qualitäten, die es dir ermöglichen, größer zu denken:

- Achtsamkeit
- Ethik
- Ganzheitliches Denken
- Verantwortung für dich, die Menschen, den Planeten
- Nachhaltigkeit, indem du Ursache-Wirkungs-Ketten in Gänze aus einer erweiterten Perspektive betrachtest und berücksichtigst

- Annäherung an die bedingungslose Liebe

Der Erfolg in deinem Leben ist dann nur noch ein Nebenprodukt dieser Qualitäten. Denn du erwachst in deinem Potenzial. Du kommst in einen Modus, in dem du die Energie spürst. Du weißt, was du tust, du bist im sogenannten „Flow".

Das Bewusstsein

Also, der Schlüssel zu allem, ZU WIRKLICH ALLEM, ist unser Bewusstsein. **Aber Achtung:** Bewusstseinsarbeit ist anstrengend und harte Arbeit an sich selbst! Das Bewusstsein hat gegenüber dem Unterbewusstsein eine geringere Kapazität. Es muss wie ein Muskel trainiert werden. Forschungsergebnisse der letzten Jahre haben gezeigt, dass maximal fünf Prozent unseres Verhaltens mit dem Bewusstsein ausgeführt werden. Installieren wir unser Bewusstsein aktiv als Türöffner zu uns selbst, so sind wir schon mal mit dem Aufzug aus dem Keller herausgefahren.

Das Bewusstsein ist das erste Element der Selbststeuerung! Wir haben eine Instanz, die uns hilft zu bewerten, was wir denken. So übernehmen wir das Ruder, statt uns durch das Leben fahren zu lassen – wir klettern auf den „Driver's seat" und erreichen die erste Ebene des Leuchtturms.

Die EFIELDS-Figur „Das Bewusstsein" – als Professor dargestellt – schaut sich durch das Mikroskop die negativen Gedanken, die Verhaltens-, Glaubensmuster und Emotionen genau an und analysiert sie.

Das Bewusstsein ist der Bestandteil von uns selbst, der uns unser Unterbewusstsein sichtbar macht. So werden wir Beobachter von uns selbst. Das Gedankentagebuch, das wir bereits vorgestellt haben, und das du hoffentlich schon nutzt, ist die Einladung an das Bewusstsein, aktiv zu werden.

Es ist essenziell zu begreifen, dass WIR DAS SIND, WAS WIR DENKEN! Wenn unsere Gedanken nicht mit unserer Identität, unserem Sein oder Seelenplan übereinstimmen, gilt es, dieses Denken zu verändern. Hierfür müssen wir es schaffen, eine höhere Instanz – ein höheres Ich – zu entwickeln, um unsere Gedanken zu erfassen. Diese Instanz ermöglicht eine Beobachtung der eigenen Gedanken. Diese Instanz wohnt in der absoluten Ruhe und der Erkenntnis, dass unsere Gedanken nicht allmächtig sind. Dies ist ein großes Geschenk.

So können wir entscheiden: Mein Leben soll nicht mehr von meinen negativen Gedanken bestimmt sein! Denn: Durch die negativen Gedanken beschädigen wir immer uns selbst. Wir entwirren also unseren Gedankenstrudel.

Tipp: *Erinnern wir uns an dieser Stelle an das Gedankentagebuch, denn das ist ein wertvolles Werkzeug, um aus dem eigenen Gedankenkarussell auszusteigen. Die aufgeschriebenen Gedanken können aus Leserperspektive wahrgenommen werden. Hierbei installieren wir automatisch eine beobachtende Position. Wir betrachten das geschriebene Wort, ohne es zunächst zu bewerten. Dadurch, dass es jedoch niedergeschrieben ist, bekommt es eine andere Gewichtung als der flüchtige Gedanke – es wird realer und dennoch abstrahiert von uns selbst. Wir akzeptieren es einfach als gegeben und lassen es so „stehen".*

Es ist eine Erleichterung zu erkennen, dass ich meinen Gedanken nicht ausgeliefert bin. So können wir, wenn wir das Prinzip des Bewusstseins etabliert haben, sagen: „Ja, Gedanke, sei ruhig da. Ich nehme dich als Gedanken wahr, aber du bestimmst nicht über mich und mein Leben, du bist nur EIN Gedanke!" Beschädigt uns der Gedanke selbst, so können wir ihn mit ein wenig Übung auch komplett ausschalten.

Der Beobachter

Der Beobachter ist unser höheres Bewusstsein, wenn wir es schaffen, den Schritt aus uns heraus zu machen. So können wir eine neue Perspektive etablieren, die uns die Möglichkeit verschafft, auf uns selbst zu schauen! Wir steigen aus dem ICH in einer Situation aus und betrachten uns selbst und unsere Umgebung aus einer höheren Perspektive. Wir erfassen das Ganze und können unser Verhalten und unsere Gefühle in der Interaktion beobachten. Das höhere Selbst ist in absoluter Ruhe, wie der unbeteiligte Beobachter einer Situation.

Das Hinterfragen unseres Handelns wird aus dieser Perspektive leichter, da wir unser Leben eben nicht als „Nabel der Welt" begreifen. So stellt sich eine bestimmte Leichtigkeit ein, die sich übertragen lässt auf den

Umgang mit der jeweiligen Lebenssituation – wir erhalten Impulse für eine bessere Herangehensweise an unsere Handlungen. Hier ist der Blick frei auf den Zusammenhang zwischen Körper, Geist und Seele.

Den Zustand des höheren Bewusstseins zu erreichen, ist kein leichtes Unterfangen.

Solltest du einmal an einen Punkt kommen, wo du das Gefühl hast, du wärest gerade in der Lage, von außen einen Blick auf dich selbst in einer Situation zu erhaschen, so kannst du dich glücklich schätzen – genieße diese absolute Ruhe und die Stärkung des Vertrauens in den Gesamtzusammenhang, den du an dieser Stelle erleben wirst. Erzwingen kannst du das Einnehmen der Position des höheren Bewusstseins nicht.

Anders als bei der Bewusstseinsarbeit, die sich nur auf uns selbst bezieht und die durch Meditation, Gedankentagebuch und den daraus resultierenden Blick auf das Unterbewusstsein aktiv vorangetrieben werden kann, wird das höhere Bewusstsein nur durch vollkommene innere Stabilität und Ruhe erreicht. Sind wir jedoch in der Lage, diese Position des Großdenkens einzunehmen, so gibt uns diese Perspektive die Möglichkeit, unser Handeln in Relation zu einem übergeordneten Sinn zu setzen und uns auf das Wesentliche zu konzentrieren.

 Tipp: Versuche, dich in einer Situation mit anderen Menschen aus einer höheren Position zu beobachten. Beobachte, was du sagst und wie du dich verhältst. Agierst du aufgrund einer eingeschränkten Perspektive? Aus einer höheren Position sehen wir manche Dinge klarer und in einem größeren Zusammenhang. Wir ermöglichen uns durch diese Reflektion, unsere Haltung zu hinterfragen, denn: Wer sagt „Ich weiß", hört auf zu denken!

Den Sinn des Lebens neu erkennen

Wir müssen uns also bewusst machen, dass wir letztendlich alle mit der Geburt aus einem Flugzeug in unser Leben springen, ohne Fallschirm und doppelten Boden. Wir befinden uns demnach im freien Fall. Dabei ist es absolut unausweichlich, dass wir alle irgendwann am Boden ankommen und aufschlagen werden – **das Leben ist also eine absolut tödliche Angelegenheit**! Und obwohl wir uns im freien Fall befinden, glauben wir dennoch, wir könnten uns mit Belanglosigkeiten aufhalten. Wir meinen zu fliegen statt zu fallen und denken, es gäbe keinen Aufprall für uns. Sehen wir dann irgendwann den Boden, so können wir kein Statussymbol, keine Machtposition mehr mitnehmen, wir haben nur noch uns selbst und werden auf uns zurückgeworfen, dann jedoch mit aller Macht und zum Teil äußerst schmerzhaft.

So wird im Prolog des Filmes „Tatsächlich Liebe" erzählt, dass an dem Tag von 9/11 viele Passagiere aus dem Flugzeug, das gleich einen Aufprall haben würde, noch ihre Liebsten angerufen haben. Soweit man weiß, gab es keinen Anruf des Hasses oder Wut, bei dem ein Todgeweihter einem anderen als letzte Tat noch mitteilen wollte, wie sehr er ihn hasste. Nein, es waren nur Anrufe der Liebe, bei denen Menschen Abschied nehmen wollten und ihre Zuneigung kundtaten. Was also ist im Angesicht des Todes die einzige Emotion, die uns wichtig ist? Liebe!

Der Mensch ist ein nach Sinn strebendes Wesen! Solange ein Mensch dem Sinn seines Lebens nicht entspricht, keinen Kontakt zu seiner Intuition hat, nicht mit seinem Bewusstsein arbeitet, so irrt er durch das Leben. Er lebt, aber erlebt nicht richtig. Da wir alle mit jeder Reinkarnation durch einen Schleier des Vergessens gehen, um überhaupt – unbeeinflusst von unseren vorhergehenden Leben – die Erfahrung der Polarität auf dieser Erde machen zu können, sind wir nicht sofort in der Lage, den Sinn und unsere Aufgabe erkennen. Wer jedoch in die glückliche Lage versetzt wurde, seinen Sinn gefunden zu haben, den umgibt ein Leuchten, das sogar erkennbar ist. Hast du schon einmal ein Leuchten in den

Augen deines Gegenübers gesehen, wenn er über eine bestimmte Sache gesprochen hat? Sei es seinen Job oder seine Kinder oder sein Hobby? Die meisten Menschen vermeiden die Frage nach dem Sinn – wir können jedoch nur ALLES geben, wenn wir die Sinnhaftigkeit unseres Handelns verinnerlicht haben.

Wenn wir vom Sinn des Lebens sprechen, muss dieser nicht zwangsläufig etwas mit der Karriere zu tun haben – dennoch sind wir meist nicht erstaunt, wenn ein erfolgreicher Mensch erklärt, er habe sein Hobby zum Beruf gemacht. Dies heißt schließlich nichts anderes, als dass er sich zu 100 Prozent auf seine Berufung konzentriert. Wenn du dir vorstellst, du hast keine finanziellen Sorgen – du sitzt, wie die EFIELDS-Figur „Der Sinn des Lebens", auf einem Haufen Geld – was würdest du dann gerne tun? Was sind „deine Sterne" nach denen du greifen möchtest?

Tipp: Mach dir bewusst, ob dich das, was du tust, mit Sinn erfüllt – im Job oder im Privatleben. Was erfüllt dich? Wobei fängt dein Herz an zu pochen, wobei leuchten deine Augen? Denke auch einmal darüber nach, ob du vielleicht etwas in deinem Leben zugunsten des Jobs oder der Familie aufgegeben hast, weil die Zeit fehlte oder du es als unvernünftig erachtet hast, es in deiner jetzigen Lebenssituation weiterzuverfolgen.

Think Big

Den Sinn unseres Lebens zu erkennen – das ist doch gar nicht so einfach, wirst du jetzt vielleicht noch mal einwerfen wollen. Natürlich nicht, gerade wenn wir uns im Labyrinth des Lebens verlaufen haben und immer am Klein-klein festhalten, uns vom Außen bestimmen lassen. Doch wir sollten nicht unsere Zweifel pflegen, sondern auf unser Inneres hören, das uns leitet, Schritt für Schritt, ohne uns zu überfordern.

Wer Zweifel pflegt, schränkt sich ein, macht sich kleiner, als er muss. Wenn wir nach dem Sinn streben, sollten wir aber groß denken, „Think Big" eben! Im Prozess der Veränderung unseres Bewusstseins lassen wir Ballast los, wie die Figur im Heißluftballon, um nach oben zu steigen. Gedanken wie „Das schaffe ich nicht!" oder „Das ist ein zu hohes Ziel!" sind solcher Ballast, sie schränken uns in unserer Gedankenwelt ein.

Verändern wir unsere Perspektive, so verändern wir die Wahrnehmung der Dinge. Ein Beispiel aus dem Vertriebsmanagement: Ein Verkäufer soll im nächsten Geschäftsjahr einen Umsatz von drei Millionen Euro machen. Diese Zahl erscheint ihm zu hoch und der Mitarbeiter merkt bei seinem Gespräch mit dem Manager an, dass dies kaum zu bewältigen sei. Daraufhin schickt der Manager ihn nach Hause mit der Aufgabe, sich zu überlegen, wie er statt drei Millionen dann neun Millionen umsetzen kann. Diese immense Aufgabe erfordert einen erweiterten Blickwinkel, denn der Verkäufer beginnt, in anderen Dimensionen zu denken – nun generiert er Lösungen für seine Kunden, die das Geschäft des Kunden unterstützen – er entwickelt eine WIN-WIN-Strategie. Plötzlich ist der Umsatz von drei Millionen nicht mehr wie ein großer Berg, sondern nur noch wie der erste Hügel einer Bergkette, die es zu erklimmen gilt. Viele Vertriebsorganisationen verfolgen diesen "Solution-Selling"-Ansatz, berücksichtigen aber das Energieniveau der Betroffenen nicht. Das Ergebnis: Es klappt nicht! Die wichtigsten Elemente fehlen – das positive Denken, Intuition und Sinnbezug. Hierfür ist es besonders wichtig, seiner Intuition zu folgen und zu verinnerlichen, was wir bereits erreicht haben auf unserem Weg. Wenn wir es schaffen, uns vorzustellen, dass wir den Berggipfel schon erreicht haben und wie es sich anfühlt, am Ziel zu sein, mit dem Heißluftballon abgehoben zu haben, so können wir leichten Herzens voranschreiten. Wir wissen ja, dass wir es können.

Tipp: Steig einmal aus dem „Vielleicht, Wenn und Aber" aus und formuliere für dich ein Ziel, das du schon immer umsetzen wolltest, aber bisher dachtest, es sei dir einfach nicht möglich – sei es eine große Reise oder ein Job. Hast du das schon jemals ausformuliert? Welche Schritte sind nötig? Wen könntest du „ins Boot holen" für eine Hilfestellung? Welchen zeitlichen Rahmen steckst du dir – es sollte auf jeden Fall konkret formuliert sein, damit du einen entsprechenden Fokus entwickelst. Suche den Kontakt zu Menschen, die ein solches Ziel bereits erreicht haben.

Fokus

Oft genug verharren wir, schwanken zwischen unterschiedlichen Zielen, wollen das eine – oder vielleicht doch das andere? Wenn wir wissen, was uns mit Sinn erfüllt, sollten wir unsere ganze Aufmerksamkeit darauf richten: Wir müssen einen Fokus entwickeln. Wer links und rechts am Wegesrand immer wieder stehen bleibt, kommt niemals zum Ziel. Oder, um es mit der nächsten EFIELDS-Figur zu verdeutlichen: Wir haben nur noch einen Pfeil zur Verfügung. Wer sich hier nicht auf das

konzentriert, was wirklich, wirklich, wirklich für ihn wichtig ist, verschießt am Ende den Pfeil und trifft gar nichts.

Doch Vorsicht: Wir unterliegen oft der Verlockung, etwas zu fokussieren, das nur vermeintlich unsere Wünsche erfüllt, da es in unserer kapitalistischen Gesellschaft als die vordergründige Währung gilt – Geld. Dies ist eine Gedankenfalle, denn dabei entziehen wir uns dem Zugriff auf unsere tatsächlichen Lebensziele, das Außen bestimmt dann unser Tun. Der Fokus sollte jedoch auf dem liegen, was uns aus unserem Inneren heraus motiviert. Wir wissen, dass nur eine intrinsische Motivation nachhaltig zum Erfolg führt.

Tipp: Hier können wir einen kleinen Trick anwenden. Wenn wir uns einmal vorstellen, wir besäßen bereits alles, was man mit Geld kaufen kann und hätten keinerlei finanzielle Sorgen – was wären dann unsere Ziele und Wünsche im Leben?

Machen wir uns frei von äußeren Zwängen, erspüren wir die innere Energie, die uns erfüllt, die uns unseren Sinn offenbart. Hieraus leiten wir unseren Fokus ab. Der Erfolg stellt sich dann ganz automatisch ein – in der Form, in der du selbst für dich deinen persönlichen Erfolg definiert hast.

Denn: Wer sich selbst erfolgreich fühlt, wird auch Erfolg haben, denn die Souveränität, die wir ausstrahlen, strahlt auf unsere Umgebung und vermittelt Sicherheit – hiervon fühlen sich andere angezogen.

Dein Körperfeld, dein Energiefeld wirkt immer auch auf andere, wie du gleich sehen wirst.

Das Körperfeld

Das Körperfeld ist unser uns umgebender Energiekörper. Hierin sind sowohl positive als auch negative Energien, wie wir sie über emotionale

Aufladung erfahren haben, fest verankert. Diese abgespeicherten Emotionen, Traumen, Glaubens- und Verhaltensmuster prägen unsere Gedanken, wie wir bereits erfahren haben.

Das Unterbewusstsein greift auf das Körperfeld zu und arbeitet mit den dort hinterlegten Emotionen, während unser Bewusstsein in der Lage ist, diese Programme zu hinterfragen.

Bei der EFIELDS-Figur auf dieser Seite wird das anhand der „Programmierungen" im geöffneten Mantel gezeigt, nahe am Körper im Energiefeld. Hier sitzen die Emotionen und Muster fest verankert.

Du kannst deine Gefühle im Körper sogar wahrnehmen, wenn du achtsam bist. Der „Emotion Code" von Dr. Bradley Nelson zeigt auf, dass sich Emotionen in unseren Organen manifestieren. So entstehen aus negativen Emotionen körperliche Beschwerden.

Je nachdem, ob die Energie in deinem Körperfeld nun eher positiv oder negativ geladen ist, werden auch deine Gedanken geprägt und demzufolge wird auch deine Festplatte davon beeinflusst.

Alle hinzukommenden Gedanken reihen sich in den Speicher ein und werden von der Energie beeinflusst – auch das analytische, logische Denkverhalten des Bewusstseins.

Konzentrieren wir uns auf unser Körperfeld, so nehmen wir die Energiezentren in unserem System wahr, manchen auch als Chakren bekannt.

Das Energiesystem

Energie können wir nicht schmecken oder riechen. Dennoch wissen wir alle, dass Energie wirkt. Es ist ebenfalls bekannt, dass sich Energie nicht eliminieren, sondern nur transformieren lässt.

Wir sind energetische Wesen. Unsere Energiezentren haben einen Einfluss auf unser persönliches Wohlbefinden. Denken wir hierbei zum Beispiel an die TCM – die traditionelle chinesische Medizin, die auch in unserer westlichen Welt inzwischen Anerkennung findet. Hierbei wird vor allem sehr oft die Akupunktur – ein Teilbereich der TCM – genutzt, um Patienten zu unterstützen. Doch was wird eigentlich bei der Akupunktur gemacht? Es werden Nadeln an bestimmten Punkten gesetzt, um den Energiefluss im Körper zu verbessern. Wenn das Qi – die Lebensenergie – nicht richtig fließen kann, verursacht dies Unbehagen. Viele haben inzwischen schon sehr positive Erfahrungen mit der Akupunktur gemacht, Schmerzen wurden gelindert, auch Depressionen behandelt. Und dennoch gibt es keine anerkannten Belege für die Existenz der Meridiane, den Lebensenergiebahnen im Körper.

Es gibt also Energie, die in uns wirkt. Dies bedarf einer ganzheitlichen Betrachtung des Menschen. Daher wird bei der TCM auch der Mensch im Ganzen behandelt, nicht nur das lokale Problem, wie es in unserer gängigen Schulmedizin gehandhabt wird. Auch die Chakren-Lehre beschäftigt sich mit den Energiezentren des Menschen – schon seit Jahrtausenden. Die Lehre von den Chakren stammt aus Indien und ist fester Bestandteil von Yoga und dem tibetischen Buddhismus. Ähnliche Systeme finden sich aber auch in ganz vielen anderen Kulturen.

Auch die Kinesiologie basiert auf der Erkenntnis, dass es in unserem Körper Energieflüsse gibt. Das Wort „Kinesiologie" bedeutet „Lehre vom Energiefluss im bewegten Muskel". In der Kinesiologie geht man davon aus, dass die verschiedenen Ebenen eines Menschen miteinander verbunden sind. Der **physische Körper** mit den Sinneswahrnehmungen und der Bewegung existiert als erste Ebene innerhalb einer Sphäre von weiteren, unsichtbaren Körpern, die ihn umgeben und durchdringen. Die zweite Ebene ist der **Energie-Körper** mit den Gefühlen. Der **mentale Körper** als dritte Ebene beinhaltet die Glaubenssätze, die innere Haltung, die Gedanken. Hier finden wir das Bewusstsein und auch das Unterbewusstsein. Die vierte Ebene, der **intuitive Körper**, liegt im Unbewussten, wie bei einer Trance oder in Träumen. Darüber befindet sich auf der fünften Ebene noch der **Seelenkörper** – wie beim Kronen-Chakra – die Verbundenheit mit allem, das Eins-Sein.

Die Muskulatur spielt in der Kinesiologie eine wichtige Rolle: Mit Hilfe spezieller Muskeltests kann mit Körper, Geist und Seele kommuniziert, Energieblockaden können aufgedeckt werden. Dr. Dietrich Klinghardt (Arzt und Wissenschaftler) erkannte in seiner Praxis, dass oft hinter körperlichen Erkrankungen psychologische Komponenten stecken – meist Traumen, die vor dem vierten Lebensjahr entstanden sind. Bei der Angewandten Kinesiologie nach Klinghardt werden Muskeltests verwendet, um ein sogenanntes Muskel-Bio-Feedback vom Körper zu bekommen. Damit können Rückschlüsse gezogen werden auf den psychologischen Hintergrund. So entwickelte sich ein Heilsystem, das im Kern den Dialog mit dem Unterbewusstsein beinhaltet. Die Anwendung dieses Systems bedarf jedoch großer Erfahrung und umfänglichen Wissens.

Jedoch können auch Laien mit der Kinesiologie einfache **Muskeltests** durchführen, um zu erfühlen, wohin einen die eigene Energie zieht. So lässt sich das eigene Gefühl erlebbar machen – ohne Interpretation durch den Verstand. Hierbei ist es wichtig, auf die richtige Fragestellung zu achten. Ein kinesiologischer Selbsttest sollte nie als einziges Mittel eingesetzt werden, um Entscheidungen in Bezug auf Lebensgestaltung oder Krankheitsbehandlung zu treffen. Bei Erkrankungen muss immer ein Arzt hinzugezogen werden! Um jedoch für sich selbst ein Gefühl zu bekommen, wie die eigene Tendenz zu bestimmten Themen ausfällt oder um Glaubenssätze zu hinterfragen, können Selbsttests mithilfe Muskelkraft ausgeführt werden und liefern gute Ergebnisse. Dafür muss jedoch eine gewisse Sensibilität vorausgesetzt werden.

Ein solcher Test ist der **O-Ring-Test**. Hierbei wird mit der schwächeren Hand, also links bei Rechtshändern und rechts bei Linkshändern, mit Daumen und Mittelfinger ein O geformt. Nun greift die andere Hand in dieses O und schließt ebenfalls einen O-Ring, sodass die Finger ineinandergreifen. Zum einfachen Testen, ob die Methode für einen selbst funktioniert, spricht oder denkt man nun ein JA und zieht die Hände auseinander, um den Ring zu lösen. Dies sollte nicht gelingen. Als Gegentest denkt man nun ein NEIN und versucht es abermals. Da das NEIN durch unsere Erfahrungen (hiermit werden Verbote und Restriktionen in der Erziehung verbunden) als unangenehm empfunden wird und Stress auslöst, wirkt sich das auf unsere Muskulatur aus: Sie ist nicht so kraftvoll in diesem Moment– darum sollte sich die Verbindung der Finger bei diesem Gedanken lösen lassen. So kann man sich Ja-Nein-Fragen stellen und in direkte Kommunikation mit der inneren Haltung treten.

Ein anderer kinesiologischer Test ist der **Schwanktest**. Hierbei stellen wir uns hin, das Gesicht Richtung Norden. Der Stand sollte nicht stabil sein, das heißt: Die Füße stehen nah beieinanderstehen, die Knie sind durchgedrückt. Bei dem Gedanken JA (oder einfach einem schönen Gedanken, etwa an einen Urlaubstag) werden wir spüren, wie wir leicht nach vorne gezogen werden, denn wir fühlen uns wohl und warm in unserem Gedanken. Bei einem NEIN (oder auch einem Gedanken an Müllhalden oder hungernde Kinder – beides fühlt sich unangenehm für uns an) spüren wir ein Schwanken nach hinten.

Wenn wir wieder mehr in Kontakt zu unserer Seele treten, die Kommunikation über den Körper mit unserer inneren Stimme aufnehmen, werden wir immer sensibler reagieren und besser auf uns selbst hören lernen. So tun wir uns selbst Gutes. Und wenn wir gut zu uns sind, so können wir auch gut für unsere Mitmenschen und damit für die Welt sein.

Mein neues Tun

Die Frage lautet nun: Wer macht dir deine Bedeutung für diese Welt, für dieses Leben bewusst? Wir bemühen noch einmal Michael Ende und die Figur Momo in seinem Kinderbuch: „Und wenn jemand meinte, sein Leben sei ganz verfehlt und bedeutungslos und er selbst nur irgendeiner unter Millionen, einer auf den es überhaupt nicht ankommt, und er ebenso schnell ersetzt werden kann wie ein kaputter Topf – und er ging hin und erzählte das alles der kleinen Momo, dann wurde ihm, noch während er redete, auf geheimnisvolle Weise klar, dass er sich gründlich irrte, dass es ihn, genauso wie er war, unter allen Menschen nur ein einziges Mal gab und dass er deshalb auf seine besondere Weise für die Welt wichtig war."

Überraschung: Du bist Momo – sie wohnt in dir, du musst nur zu ihr (dir) gehen! Lasse dich ein auf deinen neuen Weg und warte nicht länger auf eine passende Gelegenheit. Kein Zeitpunkt ist dafür besser geeignet als der jetzige, denn – wie du bereits weißt – T U N steht für: Nicht Unnötig Trödeln! Mit deinem wichtigsten Werkzeug, deinem Bewusstsein, kannst du dein ganzes Universum verändern. Hierbei lässt du Altes los, übernimmst die volle Verantwortung für dein Leben mit der Kraft der Intuition und dem Vertrauen darauf, dass alles einen Sinn hat.

Loslassen

Loslassen ist nicht immer so leicht. Ein wesentlicher Aspekt dabei ist das Vergeben. Wenn wir nicht vergeben, so räumen wir anderen Personen Macht über uns ein. Wir bleiben stehen, verharren auf einer Stelle und nehmen uns selbst die Möglichkeit, uns weiterzuentwickeln. Da wir es nicht schaffen, die zugefügten Verletzungen als vielleicht sogar notwendige Erfahrungen zu begreifen und den Gram loszulassen, dass uns dies oder jenes zugefügt wurde, werden wir ähnliche Erlebnisse immer und immer wieder durchlaufen. Denn wir ziehen die immer gleichen Muster an, nehmen die Erfahrung nicht als Aufgabe wahr, sondern versteifen uns auf unsere Opferrolle. Das macht uns schwer, zieht uns nach unten, statt uns leicht zu machen; es verhindert, dass wir das Gewesene als gegeben annehmen und im Erfahrungsschatz schwimmen, der uns weiterführen wird. Manchmal liegen solche negativen Emotionen Jahrzehnte zurück und wir wissen gar nicht mehr, was ursprünglich zu unserer Verletzung geführt hat, dennoch blockieren uns diese Gefühle.

 Tipp: *Schreibe auf, wem du glaubst, nicht vergeben zu können. Was war für dich so schlimm? Priorisiere deine Liste und schau genau hin. Bist es am Ende vielleicht sogar du selbst, dem du nicht vergeben kannst? Sicherlich findest du auf deiner Liste ein oder zwei Personen, bei denen es dir leichter als bei anderen fällt, zu vergeben.*

Wenn du dem ersten Menschen vergibst, wirst du feststellen, dass du dich leichter fühlst, denn du kannst glücklich und frei sein, wenn du Vergebung schenkst. Auch dir selbst! Jeder von uns hat Ballast – jedoch können wir ihn leichter stemmen, wenn wir uns selbst auch für diese Päckchen lieben lernen, denn es sind die Erfahrungen, die uns lernen lassen.

Der andere Aspekt beim Erlernen des Loslassens ist die Betrachtung der Beharrlichkeit, mit der wir Dinge erzwingen wollen. Wir verspüren einen inneren Druck und geben ihm nach, statt Umstände loszulassen und uns anderen Möglichkeiten damit zu öffnen. Je mehr wir auf etwas beharren, umso schwieriger erscheint es uns, es zu bekommen – so entfernt sich das, was wir uns vermeintlich wünschen, eher von uns, da unsere Haltung abschreckend wirkt. Wenn wir jedoch in dem Vertrauen agieren, dass wir getragen werden (hier sei noch einmal verwiesen auf die Figur „Das Vertrauen" von Seite 49), so schwimmen wir an der Oberfläche, entspannt und ohne Mühe, statt zu strampeln, bis uns die Puste ausgeht. Durch das Loslassen entsteht ein Vakuum in unserem Leben, das ganz automatisch von etwas anderem gefüllt wird.

Vorsicht: Das bedeutet nicht, die Verantwortung für das eigene Leben abzugeben. Sondern es geht darum, das loszulassen, wobei wir kein gutes Gefühl haben. Verkrampfen wir, so strampeln wir und gehen trotzdem unter.

Es geht vielmehr darum, ein Gefühl dafür zu entwickeln, was zu welchem Zeitpunkt gut zu verwirklichen ist – in dem Vertrauen, dass wir alles schaffen können. Dann macht es Spaß, die Verantwortung zu übernehmen, ohne dass es anstrengend ist.

Verantwortung übernehmen

Wir sind uns im Klaren darüber, dass wir selbst uns dieses Leben gewählt haben. Wir übernehmen die Verantwortung für unser Handeln – wir TUN. Nur wer Verantwortung übernimmt, kann überhaupt erfolgreich sein. Rutschen wir in die Verurteilung, so geben wir die Verantwortung ab und nehmen die Opferrolle ein.

Damit sind wir jedoch inzwischen durch! Nicht die Mutter ist schuld oder der Vorgesetzte, wir selbst wählen unseren Weg, wir entscheiden über die Richtung, wir nehmen die Abzweigung oder folgen unserem Seelenplan.

Leider neigen wir Menschen dazu, anderen die Verantwortung zu übergeben oder wir übernehmen Verantwortung, sogar sehr viel Verantwortung – zum Beispiel im Beruf – vernachlässigen dabei jedoch die Verantwortung für uns selbst, den eigenen Körper, bis der Schatten (wir erwähnten ihn bereits) unseres nachlässigen Handelns uns einholt. Denn, abschütteln lässt er sich nicht, nur eine ganze Weile ignorieren. So kommen wir gar nicht umhin, letztendlich dennoch die Verantwortung zu tragen, mit der Zeit jedoch erscheint sie wie eine unüberwindbare Last, die uns nach unten zieht.

Es sind deine negativen Gedanken, die dich beeinflussen und nicht die von anderen. Übernimm die Verantwortung für dein Denken, so kannst du es beeinflussen. So wie die EFIELDS-Figur des Gedanken-Schäfers es zeigt. Es ist alles möglich in deinem Leben, du musst lediglich dein Bewusstsein nutzen, um dein Potenzial zu erkennen.

 Tipp: Wenn du dich das nächste Mal als Opfer einer Situation fühlst – nutze dein Bewusstsein, um die Gedanken herauszufiltern, die dich diese Rolle einnehmen lassen. Gibt es eine andere Sichtweise auf die Situation? Kannst du selbst etwas verändern? Verharre nicht, sondern nutze deine Intuition – sie ist dein stärkster Verbündeter.

Intuition nutzen

Die Intuition ist die Sprache der Seele! Eine Entscheidung ist absolut richtig, wenn sie sich gut anfühlt. Wir sind sehr geprägt durch den Verstand und durch das, was das Außen uns kundtut. Wenn sich jedoch etwas gut anfühlt, dann ist es auch gut für dich – dann lasse das ABER des Gedankens weg.

Dann fühlen sich sogar Dinge gut an, die wir noch nicht so gut können. Wir müssen nicht perfekt sein, sondern nur authentisch. Wir müssen uns nicht anstrengen, sondern wollen Spaß haben bei dem, was wir tun. Wir müssen nichts, wir können ALLES!

 Tipp: Hab Vertrauen und nutze deine innere Stärke, die du durch Fokussierung und Entspannung – hier noch einmal der Hinweis: Ohne Meditation geht es nicht! – nutzt, um die beste Version von dir selbst zu werden.

Vertrauen und Vorstellungskraft haben

Alles ist miteinander verbunden und beeinflusst sich gegenseitig. Kennst du folgenden Witz von Fritzchen und dem Bischof: Sagt der Bischof zu Fritzchen: „Wenn du mir sagst, wo Gott ist, kriegst du von mir eine Apfelsine!" „Okay", sagt Fritzchen: „Und wenn du mir sagst, wo Gott nicht ist, kriegst du von mir zwei."

Es gibt ein übergeordnetes Ganzes und wir alle sind nur Fraktale – also Teile – hiervon. Das heißt, letztendlich haben wir alle Informationen des Ganzen in uns, wir greifen nur nicht darauf zu.

Wir kennen alle den Spruch: „Ich hatte eine Eingebung". Das bedeutet, der Gedanke, den wir hatten, war bereits vorhanden, er entsteht nicht in mir, sondern wurde mir eingegeben. Selbst Albert Einstein soll gesagt haben, dass ihm die berühmte Formel $E = mc^2$ eingegeben worden sei. So können wir in dem Vertrauen sein, dass wir nicht vollkommen auf uns allein gestellt sind, sondern es in unserem Leben um die Erfahrung geht, die wir mitnehmen dürfen. Zu den vermeintlichen Herausforderungen, mit denen wir kämpfen, gibt es die passenden Lösungen, wir erkennen sie vielleicht nur nicht sofort.

Vertraue auf dich selbst und deine Fähigkeiten, denn wir sind die Schöpfer unseres eigenen Universums. So findet jeder Wunsch sein Ziel, denn das Gesetz der Resonanz sagt immer JA!

„Ich habe es verdient, alles zu bekommen!"

Was immer dir Freude bereitet, stelle es dir vor, dein Gehirn unterscheidet nicht, ob du etwas wirklich erlebst oder nur denkst. Alles ist möglich.

 Tipp: Beginne mit kleinen Dingen und schreibe in der Gegenwartsform auf, was du dir wünschst, denn der Kosmos kennt keine Vergangenheit oder Zukunft. Konzentriere dich dabei auf das, was du möchtest und vermeide Gedanken und Wünsche mit einer Verneinung. Stelle dir vor, du hättest schon erreicht, was du dir vorstellst, freue dich über dieses Hochgefühl und sei dankbar, auch schon für das, was du bereits hast.

Vertraue auf dich und den Kosmos – Zufälle gibt es nicht. Dinge passieren aus einem bestimmten Grund. (Ver-)zweifle also nicht in Situationen, sondern nimm sie als Geschenk an: Sie führen dich (zurück) auf deinen Weg. Du musst dein Empfinden und deine Pläne nicht mit jedem teilen – denke daran, wer aus deinem Umfeld dir auf diesem Weg guttut – alle anderen könnten dich daran hindern, dein Potenzial zu entfalten, da sie dich dort halten wollen, wo sie selbst sitzen: in der zu heiß gewordenen Suppe, die sie Leben nennen.

Sich positiven Gedanken öffnen

Wir können unser Unterbewusstsein umprogrammieren: mit Bewusstsein! Verbrenne deine alten, negativen Überzeugungen und transformiere sie zu neuen, positiven Gedanken! Denke auch mit dem Herzen, statt nur mit dem Verstand.

Wenn du dich den positiven Gedanken öffnest, empfängst du auch Positives in deinem Leben.

Der EFIELDS-Charakter auf der nächsten Seite ist im Gegensatz zum negativen Gedanken, der in der Signalfarbe Rot dargestellt ist, in Grün gehalten. Denn wie sagt man doch so schön: Es ist alles im grünen Bereich – es läuft alles rund. So läuft die EFIELDS-Figur auch im Uhrzeigersinn, also mit der Zeit, die uns zur Verfügung steht und somit im Einklang mit uns und unserer Umgebung.

Die Kraft unserer Gedanken ist phänomenal. So fand der Forscher Guang Yue in einer Studie an der Cleveland Clinic Foundation in Ohio heraus, dass sich Muskeln allein durch Mentaltraining aufbauen lassen. Kraft der Vorstellungskraft der Anspannung eines bestimmten Muskels konnten Probanden so tatsächlich an dieser Stelle mehr Muskelmasse aufbauen.

Grundsätzlich stärken uns positive Gedanken und geben uns ein gutes Gefühl. Wer zufrieden mit sich und seinem Leben ist, wird vornehmlich positive Gedanken haben.

Wer positiv denkt, wird zufrieden und glücklich sein. Darum müssen wir so achtsam mit unseren Gedanken umgehen. Ein ausgeprägtes und wachsames Bewusstsein hilft, unsere Gedanken stets zu hinterfragen. Dies muss zu unserer täglichen Routine werden, denn nur so bewirken wir eine nachhaltige Veränderung.

Tipp: *Wenn dein Bewusstsein trainiert ist, kannst du deine Gedanken besser beeinflussen. Erzeuge positive Gedanken, sobald du bemerkst, dass ein negativer Gedanke aufpoppen will. Richte deine Aufmerksamkeit stattdessen auf das, was dir Freude bereitet. Statt morgens daran zu denken, was du alles tun MUSST, halte den Gedanken daran fest, worauf du dich an diesem Tag besonders freust. Das ist wie ein Energieschub für dich.*

Sich und andere angemessen würdigen

Positive Gedanken gegenüber sich selbst und anderen zu haben, beinhaltet ebenfalls ein Bewusstsein dafür, dass wir respektvoll – mit Würde – mit uns und anderen umgehen. Sich klar darüber zu werden, dass jeder Mensch einen Wert hat, der nicht aufzuwiegen ist, mit nichts vergleichbar ist als mit sich selbst, bedeutet, sich und andere zu würdigen.

Der Neurobiologe Dr. Gerald Hüther bezeichnet Würde als eine Vorstellung, die jeder Mensch anhand seiner im Zusammenleben mit anderen gemachten positiven Erfahrungen entwickelt. Aus diesen Erfahrungen entsteht ein inneres Orientierungsbild, an dem das eigene Handeln ausgerichtet wird. So wird Würde zu einem Teil des Selbstbildes und ein Maßstab für das Verhalten anderer gegenüber.

Die Würde begleitet uns ein Leben lang – wir müssen sie uns nicht verdienen oder erarbeiten, wir besitzen sie aufgrund unserer Existenz. Würde entsteht nicht durch das Tragen von einem Kardinalsgewand oder einer Bürgermeisterkette – Merkmale die wir allgemein mit Würdenträgern assoziieren.

Würde ist nicht schwer, Würde ist in uns. Wir kommen bereits auf die Welt mit der Fähigkeit zu spüren, ob der Umgang, den wir erfahren, gut für uns ist. Beim Heranwachsen verinnerlichen wir aufgrund unseres sozialen Umfelds, was für uns ein würdevoller Umgang ist – die Erfahrungen der Wertschätzung als Subjekt oder die Erwartungen, Bewertungen und Maßnahmen, die uns mehr zum Objekt machen. Menschenwürde wird dann verletzt, wenn Menschen zum bloßen Objekt des Handelns Anderer gemacht werden. Würde ist also nicht nur ein Wesensmerkmal, sondern auch ein Gestaltungsauftrag.

Aber wie fühlt sich Würde an? Zunächst ist es erforderlich, dass wir uns unserer Würde zutiefst bewusst werden. Was meinen wir beispielsweise damit, wenn wir sagen: „Das ist unter meiner Würde"?

Es ist ein Gefühl davon, dass etwas nicht unserem freien Willen entspricht, nicht zu unserem Seelenplan passt. Wir spüren intuitiv, dass eine Handlung oder eine Beurteilung von außen unter unserem gefühlten, eigenen Wert liegt. Spüren wir also Würde, wenn wir Gefahr laufen, unsere Selbstbestimmung zu verlieren? Als eine Art Gradmesser für unseren Selbstwert? Nehmen wir das auch wahr, wenn es um die Würde anderer geht? Wenn wir andere verletzen, weil wir uns ihnen überlegen fühlen? Wer bestimmt letztendlich den Wert eines Menschen? „Die Würde des Menschen ist unantastbar" heißt es im deutschen Grundgesetz, dennoch scheint ein würdevoller und respektvoller Umgang miteinander oft nicht (mehr) möglich zu sein. Jetzt spüren wir, dass Würde sehr eng verbunden ist mit unserer Referenz, unserer Seele. Hier zeigt sich, dass wir alle miteinander verbunden sind, anders lässt es sich nicht erklären. Und klar ist auch, dass wir Bewusstsein benötigen, um gar die Verfassung der Würde unseres Planeten vor unserem inneren Auge sichtbar zu machen. Ob wir unseren Planeten mit Füßen treten, zeigt beispielsweise ein Test von Brot für die Welt: https://www.fussabdruck.de/[4]

Unsere Verbundenheit mit der Natur zeigt sich dadurch, dass unsere Würde auch dann angesprochen wird, wenn die Würde von Tieren und Pflanzen missachtet wird. Wir schrecken zusammen, wenn wir von radikalen Abholzungen des Regenwaldes hören oder mit fürchterlichen Zuständen bei Tiertransporten oder in Schlachthäusern konfrontiert werden.

Wir können uns die Würde auch selbst nehmen, wenn wir Fehler in unserer Lebensführung begehen, uns Abhängigkeiten oder Rücksichtslosigkeiten ausliefern oder unsere Seele lange Zeit verletzenden Situationen aussetzen, weil wir uns machtlos oder unglücklich fühlen. Der Appell kann hier nur sein, unser Bewusstsein so oft wie möglich auch auf die Würde zu richten, um zu fühlen, wie es ihr geht.

 Tipp: Diskutiere dieses Kapitel doch einmal mit Freunden und Bekannten – und beobachte, welche Dynamik dabei entsteht.

---

[4] Link vom 24. April 2018

Dankbarkeit entwickeln

Machen wir uns bewusst, was wir schon alles haben, so können wir durchaus dankbar sein. Wer eine schwere Lungenerkrankung hat, wird für einen freien, tiefen Atemzug tiefste Dankbarkeit empfinden – für die meisten anderen Menschen ist die Möglichkeit, ein- und auszuatmen jedoch nicht von Bedeutung, da es für sie eine Selbstverständlichkeit ist.

Anstatt uns auf den Mangel zu konzentrieren, den wir vermeintlich hinsichtlich einiger Bereiche unseres Lebens spüren, können wir uns auch auf die Fülle besinnen, die wir schon besitzen. Wie herrlich es ist, jeden Morgen in einem warmen Bett aufzuwachen, fließendes Wasser im Badezimmer vorzufinden, einen gefüllten Kühlschrank zu haben, aus dem wir auswählen können, was wir gerade essen wollen. Wir können uns fokussieren auf das, was uns gut gelungen ist statt auf das, was wir vielleicht nicht *geschafft haben*.

 Tipp: *Mach dir bei der Arbeit jede Stunde kurz bewusst, was du gut gemacht hast und lobe dich gedanklich dafür. So bestärkst du dich selbst und entwickelst Dankbarkeit für deine Produktivität, statt dich selbst geringer zu schätzen, weil du ganz viel noch nicht erledigt hast.*

Ein schönes Instrument, Dankbarkeit im Leben zu entwickeln, ist auch, ein Dankbarkeitstagebuch zu führen. Lege dir hierfür ein separates Buch an. Hier kannst du jeden Abend Einträge vornehmen – es sollten mindestens sieben Dinge aufgeführt werden, für die du an diesem Tag besonders dankbar gewesen bist. Angesichts dessen, dass wir aus einer übergeordneten Sicht im Überfluss leben, sind sieben Aufzählungen von Begebenheiten, für die wir dankbar sind, keine große Herausforderung. Menschen, die Dankbarkeit empfinden und erleben, geht es deutlich besser als jenen, die sich auf den Mangel in ihrem Leben konzentrieren.

Grundsätzlich können wir alle voller Dankbarkeit dafür sein, dass wir unseren selbst gewählten Weg – unseren Plan – in diesem Leben erfüllen dürfen.

Die Liebe

Letztendlich sind wir alle strahlende Seelen, die sich im Hier und Jetzt getroffen haben, um auf diesem Weg bestimmte Aufgaben zu bewältigen und daraus Erfahrungen zu ziehen. Der übergeordnete Sinn über viele Leben hinweg ist: **Den Weg zur bedingungslosen Liebe zu finden!**

Das beinhaltet auch und vor allem die Liebe zu sich selbst! Nur sie befähigt uns überhaupt, auch andere Menschen bedingungslos zu lieben, ansonsten geht es nur um die Befriedigung von Mustern, die wir uns aus dem Außen angeeignet haben.

Wichtig dabei ist, zu erkennen: Eine jede Seele ist gleichwertig, es gibt kein Besser oder Schlechter. Es gibt nur ein Miteinander, das durch

Liebe getragen ist, jedoch fällt uns dieser liebevolle Umgang miteinander immer schwerer, wenn wir das Vertrauen in uns selbst verloren haben und uns verleiten lassen, vom Weg abzukommen.

Der Seelenplan wird also gefasst, um einen weiteren Schritt hin zur bedingungslosen Liebe zu vollziehen. Klingt ein wenig abstrakt – ist aber im Prinzip ganz einfach: Das WISSEN um etwas und dessen ERFAHREN sind völlig unterschiedlich.

Vergleichen wir es doch einmal mit einer Sache aus unserem Alltag: Wir können uns alles Wissen über Schokolade aneignen. Wir können lesen, wie sie hergestellt wird, wie sie zusammengesetzt ist, was sie bewirkt, auch, wie sie schmeckt – jedoch wird uns dieses Wissen niemals die Erfahrung des Geschmackserlebnisses bringen. Es ist der Unterschied zwischen Theorie und Praxis. So etwa verhält es sich auch mit dem Seelenplan, der entsteht, bevor wir uns auf das Spiel des Lebens einlassen. Er wird in der Theorie geschrieben, gespickt mit den praktischen Erfahrungen, die es zuvor gab, vielleicht auch mit ungelösten Aufgaben aus vergangenen Leben, die nicht bewältigt wurden und so den Weg zur bedingungslosen Liebe versperren.

In der Praxis, im Spiel des Lebens, kommen jedoch ungeplante Komponenten hinzu, die den theoretisch durchdachten Plan durcheinanderwerfen. Da wir in der Reinkarnation durch einen Schleier des Vergessens gehen, fühlen wir uns zunächst wie bei dem Spiel „blinde Kuh" – wir müssen unseren Weg, unsere Aufgaben mit verbundenen Augen finden. Der Schleier des Vergessens erscheint hier als ein ungewolltes Übel, ist jedoch in Wahrheit ein Hilfsmittel, um uns auf das jetzige Leben völlig einzustellen, ohne uns mit Erfahrungen zu überfordern.

Die EFIELDS-Figur „Die Liebe" macht sich die Aussage zu eigen, die besagt, dass Licht sichtbare Liebe ist. So kommt hier das Licht von der einen Seite und bricht sich im Körper, um auf der anderen Seite als Energie zu erscheinen – dargestellt in den gängigen Farben der Chakren. Die Armhaltung ist gestreckt nach oben, eine Öffnung für alles und jeden. Wenn wir dem Lichteinfall in unseren Körper also etwas entgegenstellen, kann sich das Licht nicht brechen und die Energie kann sich nicht voll entfalten – unser Potenzial wird nicht zur Gänze ausgeschöpft.

 Tipp: Versuche einmal, jemandem bedingungslos Liebe entgegenzubringen. Kennst du dieses Gefühl? Zugegeben: Eltern haben hier einen Vorteil – sie spüren, wie es ist, das eigene Kind bedingungslos zu lieben. Hierbei wird von dem Kind keine Forderung gestellt, es muss

nichts, aber auch gar nichts für diese Liebe tun. Meist erwarten wir jedoch von unserem Gegenüber irgendetwas, wenn wir etwas geben. Wir wollen zumindest „Gegenliebe" spüren. Doch wenn du gibst, ohne im Gegenzug etwas nehmen zu wollen, kommst du in eine absolute innere Balance, denn es gibt keine Unsicherheit, alles liegt einzig bei dir.

Achtsamkeit – tägliche Fitness für inneres Gleichgewicht

Wir wissen, dass die Entwicklung unseres Bewusstseins mit der Betrachtung unseres Selbst einhergeht. Heruntergebrochen kommen wir dabei zwangsläufig zu den Themen, mit denen wir es letztendlich immer zu tun haben: Selbstliebe, Selbstwert und Selbstvertrauen. Ist eines dieser Elemente in uns defizitär, produziert das Angst in uns.

Wir erinnern uns an die Treppe, die uns vom Status quo zu unserem eigenen Erfolg führt. Hierbei hilft uns die Affirmation der von uns neu gesetzten Glaubenssätze, eine Basis zu schaffen. Es ist besonders wichtig, dies kontinuierlich in unser alltägliches Leben einzufügen. Wir alle neigen dazu, sobald wir eine leichte Besserung verspüren, das Training einzustellen. Haben wir Rückenschmerzen, die unerträglich sind, werden wir die vom Physiotherapeuten angeordneten täglichen 5 bis 10 Minuten aufbringen, um unsere Übungen zur Stärkung der Rückenmuskulatur zu machen. Tut uns der Rücken nicht mehr weh, tendieren wir dazu, die Übungen immer unregelmäßiger und schließlich gar nicht mehr zu machen, bis sich der Rücken wieder meldet.

So funktioniert jedoch keine Methode nachhaltig, denn wenn wir die Verantwortung für unser Denken und Handeln übernehmen, dann müssen wir die Achtsamkeit und Bewusstseinsarbeit fest in unserem Leben verankern. Bist du bereit dazu? Das Gedankentagebuch kann uns helfen, immer mal wieder zu überprüfen, ob sich nicht doch alte Muster eingeschlichen haben. Dies brauchen wir so lange, bis uns die Bewusstseinsarbeit „in Fleisch und Blut" übergegangen ist. Die Meditation ist eine Hygienemaßnahme für uns, um zu uns zu finden. Du betreibst doch auch Körperhygiene, und das nicht nur zwei Mal im Monat, oder? Genauso solltest du die Meditation als Hygiene deines Denkapparats fest in deinem Leben installieren.

Wir befinden uns also auf der Treppe und arbeiten in einem Prozess der Bewusstseinsarbeit. Das Herausarbeiten der neuen Glaubenssätze ist die wesentliche Arbeit. Sich dabei nicht zu überfordern, ist wichtig, um erste Erfolgserlebnisse zu erhalten, denn: Lieber kleine Schritte gehen, als auf der Hälfte des Weges keine Puste mehr zu haben.

Deswegen ist es wichtig, uns selbst die Zeit zu geben, die wir brauchen, um UNSEREN Weg zu gehen. Wir können nun einmal nicht von der untersten Stufe gleich auf die vierte Treppenstufe springen. Haben wir eine Affirmation verinnerlicht, so werden wir uns ganz zwangsläufig auf der nächsten Stufe einem tieferliegenden Thema widmen. Kommen wir schließlich zu einer der Kern-Emotionen, die uns blockieren, ist es sogar wahrscheinlich, dass Tränen fließen. Last und Befreiung stoßen aufeinander und die Seele drückt sich über die Tränen aus.

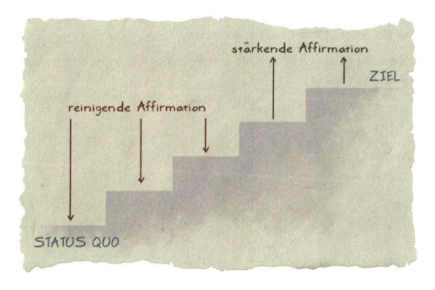

Der Weg führt also zunächst über reinigende Affirmationen, um uns von dem zu befreien, was uns behindert und blockiert in unserem Inneren. Danach widmen wir uns der Stärkung unserer inneren Kräfte. Was heißt das? Wir eröffnen einen Raum der unbegrenzten Möglichkeiten. Wir beschränken uns nicht mehr. Hierfür muss uns jedoch bewusst sein, was wir wirklich wollen.

Ein Beispiel: Eine reinigende Affirmation ist der Glaubenssatz „Ich bin wertvoll! Ich habe Vertrauen in mich selbst!" Wenn wir dieses Gefühl haben, können wir, darauf aufbauend, unsere Möglichkeiten öffnen und eine stärkende Affirmation formulieren wie „Ich werde noch bis zum Tag XY dieses oder jenes erreicht haben!"

Wenn du sein könntest, wer auch immer du sein möchtest: Wer möchtest du gern sein? Wir sind alle in der Lage, diesen Raum der unbegrenzten Möglichkeiten zu betreten. Wenn du davon überzeugt bist, dass du etwas schaffst, dann sorgt alleine das Gesetz der Resonanz dafür, dass es auch eintritt. Dann bist du auf dem Weg zu deinem Erfolg! Niemand kann dich daran hindern außer du selbst.

Bleibe nicht gefangen in dem, was du meinst zu wissen, sondern glaube an das, was du spürst.

Epilog – Wir und die Welt um uns

Da sind wir nun – wir sind ein Stück den Weg zu einem neuen Bewusst-sein gemeinsam gegangen – den Weg der EFIELDS-Methode. Du hast den Werkzeugkoffer kennengelernt und wir hoffen sehr, dass du die Werkzeuge in deinem Leben implementierst. Gerne unterstützt das E-FIELDS Trainer-Team dich dabei auch persönlich.[5]

Nun möchten wir den Bogen noch ein wenig weiter spannen, sozusagen „Think Big" (diese Figur haben wir dir ebenfalls vorgestellt). Wir möch-ten mit dir noch einen Schritt weiter gehen, wenn du magst – und einen Einblick geben in den Zusammenhang von der uns direkt umgebenden Welt und unserem persönlichen Erfolg in unserem Leben, hin zum so-genannten „großen Ganzen" – der Veränderung der Welt an sich. Denn – du erinnerst dich – schon Mahatma Gandhi sagte:

„Sei du selbst die Veränderung, die du dir wünscht für diese Welt."

Hierfür möchten wir dich noch einmal mitnehmen auf einen Pfad zwi-schen Wissen und Glauben.

Von Wissenschaft und Spiritualität

Glaubst du, dass Wissenschaft und Glauben/Spiritualität zwei Gegen-sätze bilden? Das wäre nur eine vordergründige Betrachtung, denn letztendlich schließen sie sich nicht aus, vielmehr erweitern beide unse-ren Horizont. Sie sind zwei Pole, jedoch haben wir uns in unserer Gesell-schaft im Lauf der Geschichte von dem einen Extrem des absoluten Glaubens in das andere Extrem der Wissenschaftshörigkeit bewegt, statt zu akzeptieren, dass Wissen und Glauben einander ausloten und uns in ein Gleichgewicht bringen.

Wissenschaft ist das, was wir glauben, zu wissen. Die Geschichte zeigt, dass wissenschaftliche Erkenntnisse oft revidiert werden mussten. Die Wissenschaft basiert also lediglich auf dem jeweils gültigen Status quo.

---

[5] Weitere Informationen zum EFIELDS-Training findest du unter www.efields.eu

Sie entwickelt sich ständig weiter, doch ist sie beschränkt bis zu dem Punkt, an dem das bis dahin aufgebaute Wissen endet.

So können wir im Lauf der Geschichte Entdeckungen großer Wissenschaftler heranziehen, die durch spätere Erkenntnisse erweitert oder revidiert wurden. Nehmen wir beispielsweise die Beobachtungen von Aristoteles, der gemäß den Modellen von Pythagoras und Platon herleitete, dass die Erde keine Scheibe ist, sondern rund sein muss. Dabei blieb er jedoch auch bei der Ansicht, dass sich Planeten und Sterne um die Erde drehen. Widerlegt haben dieses geozentrische Weltbild fast 2.000 Jahre später Johannes Kepler und sein Zeitgenosse Galileo Galilei. Lehrmeinungen sind dabei solide, jedoch meist nur Theorien, die noch nicht widerlegt wurden. Wir haben uns von einer durch Glauben geprägten Gesellschaft wegentwickelt, hin zu einer wissenschaftlich gesteuerten Gemeinschaft. Wissenschaft ist zu unserer neuen Religion geworden. Dabei gilt nur das als wahr, was durch Wissenschaftler nachvollziehbar belegt wird. Doch je mehr Wissen aufgebaut wird, desto mehr neue Fragen entstehen. Stets stößt die Wissenschaft an Grenzen.

Dem gegenüber steht der Glaube. Er beginnt dort, wo wir das verlassen, was wir wissen und gewillt sind, uns darauf einzulassen, dass es ein Mehr hinter dem Wissen gibt. Der Begriff der Spiritualität hat in unseren Breitengraden ein Imageproblem, denn er wird vielfältig in abschätzender Weise genutzt. Kommen wir jedoch auf den kleinsten gemeinsamen Nenner beim Thema Spiritualität, so ist es der Glaube – das Bewusstsein, dass es mehr gibt als das, was wir wissenschaftlich erfasst haben.

Schauen wir weiter: Ein Blick auf das Universum macht jeden von uns demütig. Unendliche Weiten, die Erde ein winziger Planet im All. Und dennoch scheint das Universum einer Ordnung zu unterliegen. Woher rührt diese Ordnung, wie ist sie geschaffen worden und ... wo endet sie? Wir haben keine Kapazität, uns die Unendlichkeit vorstellen zu können, sind jedoch bestrebt, mehr zu erfahren, einen Sinn zu erkennen.

Genau darum geht es letztendlich: Die Schöpfung muss nach unserem Dafürhalten einen Sinn ergeben, sonst wäre auch unser eigenes Leben ohne Sinn. Es besteht also ein unmittelbarer Zusammenhang zwischen uns als Individuen und der Gesamtheit des Seins aller Dinge. Oder nicht?[6]

So sehen wir uns in der Welt wie die einzelnen Finger der Hand, die für sich agieren können, getrennt voneinander. Jedoch anders als in unserem Weltbild, in dem wir jeden Menschen als Einzelwesen betrachten,

---

[6] In dem Buch „Gespräche mit Gott" von Neale Donald Walsch werden auf einfache Art und Weise, in Umgangssprache, viele Fragen aufgeworfen und beantwortet.

wissen wir bei den Fingern unserer Hand, dass sie eben nicht nur Finger, sondern auch Teile der ganzen Hand sind.[7]

Es ist nicht wichtig, in welchem Maß unser Glauben ausgeprägt ist – Skepsis und Zweifel sind immer willkommen, zeugen sie doch von dem Willen der Auseinandersetzung mit den Dingen. Dennoch werden diejenigen, die einen übergeordneten Zusammenhang anzweifeln – also den Glauben ignorieren – auch die Methode der Spielregeln des Lebens, wie wir sie verstehen, niemals erfolgreich für sich anwenden können. Denn nur mit einem gewissen Glauben, der Verbundenheit mit einer übergeordneten Entität, können die Energien, die uns umgeben, genutzt werden. Verschließen wir uns dem, verschließen wir uns der Möglichkeit, auf diese innere Stimme zu hören. Dennoch sind wir davon überzeugt, dass kein Mensch, sei er auch noch so ein Skeptiker, leugnen kann, welch großartige Schöpfung die Erde und das Universum sind, und dass hier eine höhere Ordnung herrscht.

Auch die Wissenschaft beschäftigt sich immer mehr mit den Phänomenen des „Dazwischen", „Dahinter", einem übergeordneten Zusammenhang. Die Grenzen werden neu ausgelotet, eine Ära der neuen Akzeptanz beginnt.

Die Quantenphysik

Die Quantenphysik beruht auf der Quantenhypothese von Max Planck. Seine Feststellung um 1900 markiert einen Meilenstein in der Forschung und besagt, dass Strahlung nicht kontinuierlich, sondern in winzigsten Energieportionen, den sogenannten Quanten, gesendet wird. Auch heute wird aktiv auf dem Gebiet der Quantenfeldtheorie geforscht, die die Grundlage für eine vereinheitlichte Theorie aller Grundkräfte ist.

---

[7] Wie das Bewusstsein „Wirklichkeit schaltet" - Dr. Ulrich Warnke im Gespräch: https://www.youtube.com/watch?v=lVhFhR_lSdw (26.4.2018)

Wir müssen keine Physiker sein oder werden und wollen hier auch keine Forschungstheorien darlegen. Es soll nur erklärt werden, dass die Fragen, die die Quantenphysik aufwirft, in die Frage der Verbindung und des Informationsaustausches von Teilen mündet. So gibt es nach Aussage einiger Quantenphysiker einen universellen Code, in dem alles zusammenhängt. Die beschränkte menschliche Logik des Ja oder Nein greift hier nicht. Betrachtet man die Natur, die uns umgibt, ist die menschliche Logik da nicht wiederzufinden – ein Ja oder Nein ist hier nicht Bestandteil des Seins, es gibt ganz offensichtlich auch ein Dazwischen, ein Sowohl-als-auch.

Betrachten wir uns hinsichtlich eines Codes, ausgehend von einer höheren Intelligenz, einmal die uns allen bekannte Sonnenblume.

Jeder einzelne Kern im Sonnenblumenkorb gehört auch zu einer links-drehenden und zu einer rechtsdrehenden Spirale. Das Besondere hie-ran ist, dass die Anzahl der Spiralen ausschließlich Fibonacci-Zahlen sind. Die Anzahl der links- und rechtsdrehenden Spiralen sind immer be-nachbarte Fibonacci-Zahlen. Die Fibonacci-Zahlen beginnen mit der 1 und jede weitere Zahl ergibt sich aus der Summe der beiden Vorgänger-zahlen: 1, 1, 2, 3, 5, 8, 13, 21, 34, 55, 89, 144, 233, 377 und so weiter. Der Quotient zweier benachbarter Zahlen schwankt um den Wert der Goldenen Zahl 1,618033, je höher dabei die benachbarten Fibonacci-Zahlen werden, desto genauer nähert man sich diesem Wert. Bei Son-nenblumen findet man normalerweise die Kombination 21/34 oder 34/55 oder 55/89, bei besonders großen Sonnenblumen auch mal 89/144 oder 144/233. Es gibt aber nie eine andere Anzahl an Spiralen. Hier stellt sich doch die Frage, woher die Sonnenblumen die Fibonacci-Zahlen so gut kennen? Jeder Blütenstand entlang der Spirale bildet ge-genüber seinem Vorgänger (der die entgegengesetzte Spirale darstellt) einen Winkel von 137,5° (Goldener Winkel).

Dieses Prinzip gilt aber nicht nur für Sonnenblumen, sondern beispiels-weise auch für Gänseblümchen, Tannenzapfen, den Romanesco-Kohl und ist auch gut bei der Ananas zu sehen.

Wenn man sich einmal die Mathematik der Schöpfung ansieht, erkennt man, dass alles bis auf das Feinste konstruiert ist – nichts ist zufällig. Dass die Sonnenblume so aufgebaut ist, damit ihr Korb voll ausgefüllt wird, ist nicht irgendwie im Rahmen einer Evolution entstanden. Son-dern hier sind die Fibonacci-Zahlen und der Versetzungswinkel von 137,5° genetisch exakt festgelegt. So gesehen, braucht ein Atheist bei all den Wundern in der Schöpfung einen deutlich größeren Glauben an das Prinzip Zufall, als jemand, der an eine intelligente Planung glaubt.

Du merkst, dass wir dafür plädieren, sich mit „Intelligent Design" ausei-nanderzusetzen. Es handelt sich um die Auffassung, dass sich be-stimmte Eigenschaften des Universums und des Lebens auf der Erde am besten durch einen intelligenten Urheber erklären lassen – oder, anders ausgedrückt: um die moderne Definition eines Arguments für die Exis-tenz Gottes.

Auch in anderen Bereichen der Natur können wir solche Phänomene beobachten: Wieso reagiert Wasser zum Beispiel mit bestimmten Wellenbewegungen auf Klänge? Schon Ernst Florence Friedrich Chladni († 1827) hat in seinen „Entdeckungen über die Theorie des Klanges" 1796 Klangfiguren beschrieben, die durch eine mit dem Geigenbogen in Schwingung versetzte, mit Sand bestreute Metall- oder Glasplatte entstanden. Alexander Lauterwasser hat die Übertragung von Klängen über Gefäße ins Wasser erforscht und mittels Lichtreflektion an der Oberfläche sichtbar gemacht. So entstanden Wasser-Klang-Bilder. Das Wasser trägt die Frequenz des Klanges in sich fort. Die Wellenbewegung ereignet sich nicht nach einem Zufallsprinzip, sondern gibt dem Klang eine Form, sie ist eine Energie, die Information überträgt. Wir empfehlen dazu die DVD von Alexander Lauterwasser „Die Urformensprache der organischen Welt".

Genau so geht die moderne Quantenphysik davon aus, dass der sichtbaren Ebene der Wirklichkeit eine Quantenebene zugrunde liegt, die alle relevanten, auch die verborgenen, unbewussten Informationen speichert.

Die Erkenntnis ist also, dass die Wirklichkeit auf der nicht mehr teilbaren, untersten Ebene nicht aus Materie, sondern aus Information besteht. Sie ist die Grundlage der von uns wahrnehmbaren, materiellen Wirklichkeit.

Die Informationsfeldtechnologie

Diese Ebene der Quanten wird auch das alles verbindende Informationsfeld genannt. Dieses Feld wird gespeist mit Informationen und gibt Informationen auch wieder ab. Es ist verbindendes Element zwischen den Dimensionen der geistigen und der materiellen Welt.

Der Psychologe Carl Gustav Jung, ein Schüler Freuds, benannte in diesem Zusammenhang das kollektive Unterbewusstsein, das Teil des Informationsfeldes ist. Diese tiefere Schicht der Psyche stellte Jung als überpersönlich mit einer bei allen Menschen gemeinsamen, identischen oder kollektiven Seelenstruktur dar, die sich in Träumen und körperlichen Symptomen bei jedem Individuum äußert. So prägte er auch den Begriff der „Synchronizität" – hierbei handelt es sich um korrelierende Ereignisse zwischen dem Inneren, der Psyche, und einem physischen Ereignis. So kann man auch sagen, dass äußere physische Gegebenheiten, Probleme oder Krankheiten, etwas aus dem Unterbewusstsein widerspiegeln.

Der Physik-Nobelpreisträger Wolfgang Pauli tauschte sich intensiv mit Jung zum Thema der **„Synchronizität"** aus – 1952 erschien das gemeinsame Werk „Naturerklärung und Psyche".

Bereits 1930 schrieb C.G. Jung:

„Die Wissenschaft des I Ging beruht nämlich nicht auf dem Kausalprinzip, sondern auf einem bisher nicht benannten – weil bei uns nicht vorkommenden – Prinzip, das ich versuchsweise als synchronistisches Prinzip bezeichnet habe."

Das I Ging ist eine Sammlung klassischer chinesischer Texte, auch das „Buch der Wandlungen" genannt. Betrachtet man diese Philosophie, verwundert es nicht, dass die Menschen im asiatischen Raum einen größeren Zusammenhang zwischen Psyche und Physis sehen. Viele von ihnen sind fasziniert davon, wie wir in der westlichen Welt erfolgreich ohne Meditation leben können, ohne Besinnung auf unsere Mitte. Sie wissen ja nicht, wie schlecht uns dies tatsächlich bekommt.

Wir haben viel darüber geschrieben, dass wir Mustern ausgesetzt sind, die uns beeinflussen. Was machen wir aber, wenn wir diesen Mustern nicht auf den Grund gehen können, weil wir sie schlichtweg nicht finden?

Zu diesem Zweck setzen wir im EFIELDS-Training ein computerbasiertes System der Informationsfeldmedizin ein, das wir dazu verwenden, die erzeugten Ergebnisse als Input für unsere Bewusstseinsarbeit zu nutzen. Es ist für uns ein willkommenes Instrument, um Dinge hinterfragen zu können, die sehr versteckt im Unterbewusstsein liegen und auf die wir innerhalb unserer Trainings deshalb noch nicht gestoßen sind. Wir erreichen damit hervorragende Ergebnisse. Dabei wird penibel darauf geachtet, dass der Coachee die Kontrolle nicht etwa dem System übergibt und damit seine eigene Intuition verlässt. Somit ist es ein Bewusstseins- und Intuitionsstärkungs-System.

Hier sei noch einmal gesagt, dass Wissenschaft und Schulmedizin die Existenz von Informationsfeldern, deren medizinische und sonstige Bedeutung und die Informationsfeldsysteme mit deren Anwendungen aufgrund fehlender wissenschaftlicher Nachweise im Sinne der Schulmedizin nicht anerkennen.

Aber wir sind sicher: Der Weg zu unserem persönlichen Erfolg führt über unser Bewusstsein! Ändern wir unsere Perspektive für uns, ändern wir unser Leben. Ändern wir unser Leben, bewirken wir auch in unserem Außen eine Veränderung. Dann zieht die Veränderung Kreise und führt zu einem weitreichenden Perspektivenwechsel – einem neuen Weltbild.

Bringen wir es auf den Punkt: Wenn wir eine positive (im EFIELDS-Sinn grüne) Orientierung – die sehr wünschenswert ist - und eine negative (im EFIELDS-Sinn rote) Orientierung, die wir eher vermeiden sollten, definieren, dann erkennen wir zugeordnete Eigenschaften, die uns im grünen Bereich fördern – beziehungsweise helfen – und uns im roten Bereich schädigen – beziehungsweise blockieren.

Also, ganz einfach: Bleib' im grünen Bereich! Auf der nächsten Seite gibt es dafür auszugsweise eine hilfreiche Liste.

POSITIVE EMOTIONEN/AFFEKTE	NEGATIVE EMOTIONEN/AFFEKTE
achtsam	ablehnend
angetan	affektiert
anständig	aggressiv
aufgeschlossen	ambivalent
aufmerksam	angeödet
aufrichtig	angespannt
ausgeglichen	ängstlich
authentisch	ärgerlich
barmherzig	argwöhnisch
befreit	arrogant
begeistert	aufgebracht
beruhigt	aufgewühlt
berührt	bedrückt
beständig	beleidigt
bewusst	besorgt
charmant	bestürzt
dankbar	betrübt
demütig	blockiert
ehrlich	cholerisch
einfühlsam	dekadent
einsichtig	demagogisch
empathisch	demotiviert
energievoll	deprimiert
entspannt	desinteressiert
erfreut	despotisch
erfüllt	dogmatisch
erleichtert	dominant
fair	dreist
fokussiert	egoistisch
freudvoll	eifersüchtig
freundlich	eingebildet
friedlich	einsam
fröhlich	empört
fürsorglich	entmutigt

Materie und Bewusstsein

Unsere Welt ist im Ungleichgewicht. Wir spüren, dass wir nicht in der Balance sind. In der Wissenschaft gibt es hierfür jedoch keinen Anhaltspunkt, keinen größeren Zusammenhang. Wir sehen uns selbst als losgelöste Individuen. Ich bin, du bist, es ist! Wir sehen uns selbst, abgetrennt von unserem Gegenüber, abgegrenzt von allen Lebewesen, losgelöst von der Natur in einer materialistischen Welt. In dieser Vorstellung funktioniert jeder für sich alleine. Das darunter liegende Informationsfeld, das uns verbindet, wird nicht wahrgenommen. Wir können hier auch wieder den Begriff des kollektiven Unterbewusstseins aufgreifen. Doch das ist nicht greifbar. Greifbar ist nur die Materie.

Doch was ist Materie?

Die Grundsubstanz aller Dinge, unabhängig von ihrer Erscheinungsform. Sie umfasst alle Elementarteilchen als kleinste bekannte Bausteine. Zwischen diesen Elementarteilchen, die im Ergebnis die Materie ergeben, ist jedoch nichts. So ist ein Atom aufgebaut aus einem Kern mit Protonen und Neutronen und einer Hülle aus Elektronen. Der Durchmesser der Hülle ist jedoch 10.000 bis 100.000 Mal größer als sein Kern und sein Raum besteht neben den Elementarteilchen zu 99,999999 Prozent aus Nichts. Würden wir uns den Kern in Kirschkerngröße vorstellen und neben eine Kirche legen, wäre das nächste Elektron an der Kirschturmspitze, dazwischen: nichts. Erweitern wir diesen Gedanken, so müssen wir feststellen, dass wir selbst, die wir aus Atomen bestehen, dann ebenfalls zu 99,999999 Prozent aus Nichts bestehen. Dieser Kreis lässt sich erweitern auf die Natur, die Erde, das Weltall. Doch was heißt dann Nichts? Es ist das Nicht-Greifbare, das Nicht-Physische, das Nicht-Materielle in der Materie.

Dem gegenüber stehen die 0,000001 Prozent der Elementarteilchen, die sich, wie das berühmte Doppelspalt-Experiment veranschaulicht hat[8], unter Beobachtung anders verhalten, als wenn sie unbeobachtet agieren. So kann man durchaus die Vermutung äußern, dass ihnen durch die Beobachtung nur noch eine Richtung vorgegeben ist, sie werden durch das Bewusstsein an die Außenwelt gekoppelt. Daraus ergibt sich die Hypothese: Materie gibt es nur durch Bewusstsein.

Prof. Dr. Hans-Peter Dürr († 2014) kam nach einem Leben für die Quantenphysik zu dem Ergebnis: „Es gibt keine Materie". Mit der Erkenntnis „Das Geistige ist die treibende Kraft" meinte er das, was wir in der Physik Potenzialität nennen, also die Möglichkeit, sich in jedem Augenblick zu realisieren. So war Dürrs Meinung, dass es mehr die „Ahnung" ist, die etwas entstehen lässt, eine Schöpfung in jedem Moment: Materie ist geronnener Geist. Im Grunde alles Seins ist es demnach der Geist, der noch keine materielle Form hat. Dürr formulierte weiter: „Die Materie ist die Kruste des Geistes. Wir sind Teil eines Geistes, weil der Geist nicht teilbar ist. Die Zukunft ist offen und wir brauchen auch das Instrument der Hoffnung, weil die Hoffnung uns ein Bild gibt, wie wir Zukunft gestalten wollen und realisieren können. Wir können mit der Zukunft etwas tun, was es vorher noch nicht gegeben hat. Sie hat schon Gestalt aber noch keine Substanz."

„Es gibt keine Materie an sich. Alle Materie entsteht und besteht nur durch eine Kraft, welche die Atomteilchen in Schwingung bringt und zusammenhält. Da es im Weltall aber weder eine intelligente noch eine ewige abstrakte Kraft gibt, müssen wir hinter dieser Kraft einen bewussten intelligenten Geist annehmen. Dieser Geist ist der Urgrund aller Materie." Max Planck

---

[8] Das Doppelspaltexperiment, sowie die Verschränkung und Nichtlokalität werden auf youtube.de gut erklärt:
- Quantenphysik: Doppelspaltexperiment/Verschränkung (Prof. Dr. Anton Zeilinger) - https://www.youtube.com/watch?v=L-zC2k13nMM (26.4.2018)
- Quantenmechanik - Doppelspalt, Verschränkung und Nichtlokalität - https://www.youtube.com/watch?v=7BV0Fs4eM0I (26.4.2018)
- Das Mysterium – Quantenbewusstsein, Roger Brach (wer es lustig mag) - https://www.youtube.com/watch?v=h9X5OMTetqI (26.4.2018)

Blicken wir wieder auf uns als einzelne Individuen in einer Welt der Koexistenz mit anderen: Nehmen wir als gegeben hin, dass es ein alles verbindendes Informationsfeld gibt, so sind wir nicht mehr allein, sondern Teil von einem Ganzen. Wir erhalten ein völlig neues Weltbild. Dann gibt es keine Identität des Getrenntseins mehr, die in einem egozentrischen Verhalten mündet, das auf Kampf und den eigenen Gewinn ausgerichtet ist. Dann überwiegt vielmehr ein Gefühl der Verbundenheit mit einem Verhalten der Achtsamkeit füreinander und der Zusammenarbeit miteinander.

Eine neue Ordnung

Wir befinden uns heute am Anschlag einer Entwicklung. Einer Entwicklung, die ein „Weiter so!" kaum mehr zulässt. Die Schere zwischen Arm und Reich wird zusehends größer. Wir entfernen uns immer weiter voneinander. Doch der Mensch strebt nach einem Miteinander, deswegen fühlen wir uns immer unwohler mit dem, was wir tun. Wir sind auf der Suche nach einer neuen „Religion", denn die Wissenschaft hat sich als nicht brauchbares Werkzeug erwiesen, uns den Sinn unseres Seins in dieser Welt zufriedenstellend zu erklären. Sie wirft mehr Fragen auf als Antworten zu geben, und vor allem beinhaltet sie keine Handlungsempfehlungen. Hier greift die Ethik für immer mehr Menschen, denn die Glaubenssysteme sind durch die Menschen selbst zu Instrumenten geworden, Instrumente, die leider immer wieder auch eingesetzt werden, um Kriege zu führen. Der Dalai Lama verbreitet den Gedanken der säkularen Ethik. Was er darunter versteht, ist die Einigkeit der menschlichen Werte, unabhängig von Religionen, eine universelle Kultur des Mitgefühls, die unserer Neigung zu Liebe, Güte und Zuneigung entgegenkommt.[9]

Demgegenüber gilt nach wie vor das Prinzip der Polarität, denn die Natur ist stets um Ausgleich bemüht. Hier bedingt das eine das andere. So kann es kein Gut ohne Böses geben, keinen Tag ohne Nacht, keine

---

[9] Dalai Lama, Franz Alt: „Der Appell des Dalai Lama an die Welt: Ethik ist wichtiger als Religion"

Freude ohne Trauer – nur durch die Gegensätze können wir lernen, nur mit ihrer Hilfe ergibt sich für uns ein Sinnzusammenhang. Es geht um das Gleichgewicht, um eine umfassende Ordnung, von der wir ein Teil sind. Wir alle tragen diese Pole in uns. Wir können diese jedoch in Balance bringen, wenn wir akzeptieren, dass wir beide Pole in uns tragen.

Was wir uns wünschen

Wir alle können die Welt insgesamt verändern, davon sind wir überzeugt – denn wir sind schöpferische Wesen! Wir haben bereits darauf hingewiesen, dass sich ein verändertes Bild von uns selbst und eine Veränderung unserer Überzeugungen auf unsere unmittelbare Umgebung auswirken.

Wir wünschen uns, dass du diese Veränderung erst bei dir selbst bewirkst und dass deine Veränderung dann Kreise zieht. Die Menschen in deiner unmittelbaren Umgebung haben vielleicht schon festgestellt, dass du anders wirkst, wenn du dich mit den Tipps aus diesem Buch auseinandergesetzt hast. So konnten wir auch in unseren Trainings schon feststellen, dass oft die Partnerin oder der Partner eines Trainees später ebenfalls die EFIELDS-Methode kennenlernen wollte, da sie oder er wahrnahmen, dass sich in der Partnerschaft Dinge verändert hatten.

Uns ist bewusst, dass manche Themen vielleicht einen großen Widerstand hervorrufen und eine Umsetzung zunächst eine große Herausforderung sein könnte. Das heißt jedoch nicht, dass es besser ist, einfach in der eigenen Suppe sitzen zu bleiben. Lieber kleine Schritte gehen, als stehen zu bleiben – einen Fuß vor den anderen setzen, ohne sich vor der gesamten Strecke, die einem vielleicht zu lang erscheint, zu fürchten. Vielleicht brauchst du auch einfach noch ein wenig mehr Unterstützung bei deinem JUMP:

Ein EFIELDS-Training bei einem ausgebildeten Bewusstseinstrainer unterstützt den Veränderungsprozess und fokussiert dich – dadurch, dass es sich um ein Einzeltraining handelt – auf genau die für dich relevanten Themen. Dabei findet eine begleitete Trainingseinheit einmal im Monat statt. Sie dauert zwischen vier und acht Stunden, denn nur in der intensiven Auseinandersetzung mit den eigenen Programmen können die Muster und Emotionen wirklich bewusst bearbeitet werden. Für eine nachhaltige Etablierung der Methode in den eigenen Alltag und somit ein solides Verständnis von allen zur Verfügung stehenden Werkzeugen im EFIELDS-Werkzeugkoffer ist das Training auf eine Dauer von sechs bis zwölf Monaten angelegt. In Abhängigkeit von deiner Ampelstellung nimmt dieses Training 24 bis 80 Stunden in Anspruch.

Wenn du dieses Buch bis hierher durchgelesen und dir die für dich relevanten Werkzeuge genauer betrachtet hast, so möchten wir dich schon jetzt beglückwünschen, denn du hast angesetzt zu deinem JUMP! Wir wünschen uns, dass dein Exemplar Eselsohren und Fettflecken bekommt, denn es ist ein Gebrauchsgegenstand und darf dich von nun an durch dein Leben begleiten, dir immer wieder Hilfestellungen geben. Noch besser ist es natürlich, wenn du diesen „Werkzeugkasten" auch anderen schenkst, und damit dazu beiträgst, dass die Veränderung des Selbstbilds und daraus resultierend auch die Veränderung des Weltbilds immer weitere Kreise ziehen. So kann aus einem Windstoß ein Orkan werden.

Wir freuen uns und sind dankbar für jeden Einzelnen, der den JUMP vollführt, den ersten Schritt zum persönlichen Erfolg geht, eine neue Perspektive findet und seine Welt positiv verändert.

Wir freuen uns, dass du dieses Buch gelesen hast – DANKE! Dann mal los: Lebe dein Potenzial. Jetzt! Wozu auch warten?

EFIELDS-Mind-Map – Eine Übersicht

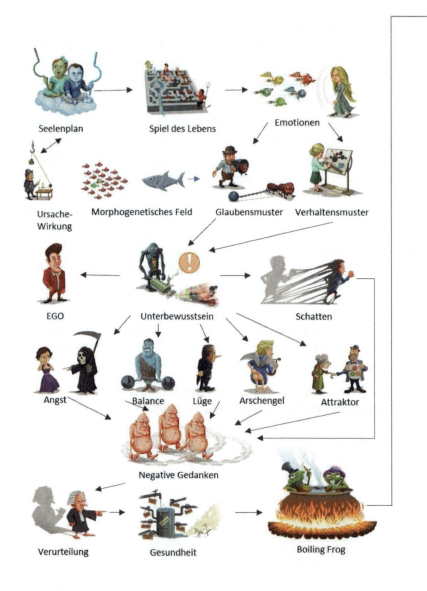

Seelenplan

Spiel des Lebens

Emotionen

Ursache-Wirkung

Morphogenetisches Feld

Glaubensmuster

Verhaltensmuster

EGO

Unterbewusstsein

Schatten

Angst

Balance

Lüge

Arschengel

Attraktor

Negative Gedanken

Verurteilung

Gesundheit

Boiling Frog

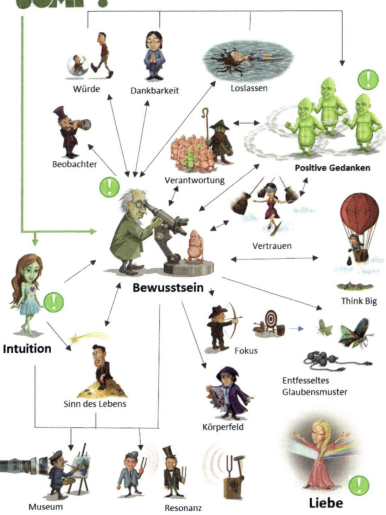

JUMP!

Würde

Dankbarkeit

Loslassen

Beobachter

Verantwortung

Positive Gedanken

Vertrauen

Think Big

Bewusstsein

Intuition

Fokus

Entfesseltes Glaubensmuster

Sinn des Lebens

Körperfeld

Museum

Resonanz

Liebe

Literatur – eine kleine Empfehlungsliste

Die EFIELDS-Methode bezieht ein großes Wissen mit ein – Wissen aus zahlreichen Büchern, Filmen, Aufzeichnungen findest du im EFIELDS-Werkzeugkoffer. Es gibt jedoch ein paar Bücher/Filme, die wir dir an dieser Stelle nahelegen möchten, ohne die Literaturliste für dich überzustrapazieren. Wir haben gelernt, dass dort, wo ein nachhaltiges Interesse geweckt wird, der Entdeckerdrang von selbst seinen Lauf nimmt. So verstehe die nachfolgende Liste (in alphabetischer Reihenfolge) bitte als erste Anregung, dich weitergehend mit den aufgeführten Themen zu beschäftigen – dabei gilt: Alles kann, nichts muss.

- Franz Alt und Dalai Lama, „Der Appell des Dalai Lama an die Welt: Ethik ist wichtiger als Religion"
- Rüdiger Dahlke, „Das Schattenprinzip"
- Rüdiger Dahlke, „Peacefood"
- Ronald Fischer, „Hydroxypathie"
- Pierre Franckh, „Das Gesetz der Resonanz"
- Gerald Hüther, „Würde: Was uns stark macht – als Einzelne und als Gesellschaft"
- Elisabeth Kübler-Ross, „Über den Tod und das Leben danach"
- Alexander Lauterwasser, „Die Urformensprache der organischen Welt", DVD
- Bruce Lipton, „Intelligente Zellen", DVD
- Bradley Nelson, „Der EmotionsCode"
- Catharina Roland, „Awake – Ein Reiseführer ins Erwachen", DVD
- Rupert Sheldrake, „Das schöpferische Universum: Die Theorie des morphogenetischen Feldes"
- Ian Stevenson, „Reinkarnationsbeweise"

- John Strelecky, „The Big Five for Life – Was wirklich zählt im Leben"
- Eckhart Tolle, „Jetzt"
- William Walker Atkinson, "KYBALION – Die 7 hermetischen Gesetze: Das Original"
- Neale Donald Walsch, „Gespräche mit Gott"
- Neale Donald Walsch, „Ich bin das Licht, die kleine Seele spricht mit Gott"
- Bronnie Ware, „5 Dinge, die Sterbende am meisten bereuen"

Über uns

Constanze

 Constanze von Poser, geboren 1974, arbeitet als Bewusstseinstrainerin und Texterin/Autorin in Köln.

Daneben geht sie ihrem anderen Lieblingsjob nach: Mutter von drei tollen Kindern zu sein. Schon immer hatte sie große Freude daran, die richtigen Worte zu finden und zu Papier zu bringen – ob früher als Journalistin oder später im Bereich der Auftragskommunikation.

Nach einem privaten Umbruch in ihrem Leben begann sie sich intensiv mit der Sinnfrage auseinanderzusetzen und lernte – da es Zufälle nicht gibt – Detlef Eimler kennen.

EFIELDS zu verstehen, war für sie wie ein „Nach-Hause-Kommen". So absolvierte sie selbst ein Bewusstseinstraining und machte danach die EFIELDS-Trainerausbildung.

Heute arbeitet sie eng mit Detlef Eimler im EFIELDS-Ausbildungszentrum zusammen und bietet neben den EFIELDS-Business-Trainings auch private Bewusstseinstrainings an.

Detlef

Detlef Eimler, geboren 1957, ist stolzer Vater von zwei Kindern und hat seine Berufung darin gefunden, sein Wissen als Leiter des EFIELDS-Ausbildungszentrums und Bewusstseinstrainer im Bereich Business weiterzugeben.

Der Informatiker und ehemalige IT-Manager hat Erfahrungen mit Unternehmenskulturen im Bereich von Konzernen und mittelständischen Unternehmen, sowohl als Teil des Führungsteams als auch durch ungezählte Kundengespräche.

Die Fragen, was uns als Menschen prägt, wie wir unsere Talente finden, was uns motiviert, wofür wir leben und wer wir sind, haben ihn zeit seines Lebens begleitet. Die Erfüllung wurde ihm sozusagen in seiner zweiten Lebenshälfte geschenkt. Die Begegnung mit Dingen zwischen Himmel und Erde, die wir uns nicht erklären können, hat die in ihm angelegte Neugier beflügelt.

Das Ergebnis ist nicht nur die Zusammenfassung aller bisher gesammelten Erkenntnisse, sondern auch die Beschreibung eines Prozesses, mit dem wir alle Glück und Zufriedenheit erreichen können: EFIELDS entstand.

Weitere Informationen sind über www.efields.eu erhältlich.